U0149278

陳福成著

文學叢刊

第四波戰爭開山鼻祖賓拉登

——及戰爭之常變研究要綱

文史哲出版社印行

國家圖書館出版品預行編目資料

第四波戰爭開山鼻祖賓拉登：及戰爭之常變
研究要綱 / 陳福成著 -- 初版 -- 臺北市：
文史哲，民 100.07
　　頁；　　公分（文學叢刊；255）
　　ISBN 978-957-549-976-1（平裝）

1. 戰史 2.戰爭理論 3.宗教戰爭

592.9　　　　　　　　　　　100014581

文　學　叢　刊　255

第四波戰爭開山鼻祖賓拉登
── 及戰爭之常變研究要綱

著　　　者：陳　　　福　　　成
出　版　者：文　史　哲　出　版　社
　　　　　　http://www.lapen.com.tw
　　　　　　e-mail:lapen@ms74.hinet.net
登記證字號：行政院新聞局版臺業字五三三七號
發　行　人：彭　　　正　　　雄
發　行　所：文　史　哲　出　版　社
印　刷　者：文　史　哲　出　版　社
　　　　　　臺北市羅斯福路一段七十二巷四號
　　　　　　郵政劃撥帳號：一六一八〇一七五
　　　　　　電話886-2-23511028・傳真886-2-23965656

定價新臺幣一八〇元

中華民國一百年（2011）七月初版

著財權所有・侵權者必究
ISBN 978-957-549-976-1　　　08255

第四波戰爭開山鼻祖賓拉登　目　次

——及戰爭之常變研究要綱

序：老賓走了！談談戰爭！

賓拉登走了！他已完成「天命」，把聖戰升高到一個「圖騰化」的新境界，創造了「第四波戰爭」新典範，他夠了！

如同岳飛被囚於天牢「待死」、如同文天祥困於土牢等死，又如同先總統蔣公病躺於台北榮總，賓拉登困居自宅，天命都完成後！再無任何作用、功能可發揮，活著，是多餘的！

當他們的人生天命都完成了，生死其實是一件小小的事，輕如鴻毛，這是身為聖賢、英雄豪傑，對生命應有的體認。

在台灣因受政治左右，人民幾乎失去獨立的判斷力，整個社會看不清有一個明淨的未來，成為一個「集體白痴的社會」，這實在是台灣社會的悲哀。而悲哀的源頭就在台獨，使台灣社會「毒化」！

在賓拉登這個「問題」上，也是完全沒有判斷力的跟著「美式價值」走，老美說「誰是混蛋！」台灣人也跟著說……有誰從阿拉伯世界、從伊斯蘭教的立場，說一句公道話，說半句良心話？

台灣媒體也跟著美國走，報導都寫著賓拉登被「擊斃、獵殺」，是「元兇」，台灣人的思想、意識都給美國人綁架了！有誰知道賓拉登也是伊斯蘭世界的英雄！

本書站在阿拉伯世界的立場，為那些弱勢國家講話，給賓拉登應有的定位——在台灣。

第一章　復興電台對話錄：談談「九一一事件」

本篇是民國九十三年九月間，我在復興廣播電台接受記者鍾寧小姐主持的「兩岸下午茶」節目訪談，對話的實錄，當時就從賓拉登談起……

一、陳老師，今天開始我們要在「兩岸下午茶」節目中，漫談《中國歷代戰爭新詮》，是否先談談這個主題的意義，特別是「戰爭」，什麼是戰爭？「九一一事件」是戰爭嗎？

這是一個範圍很廣的主題，我們常說一部人類生存發展史，便是一部戰爭史，可見「戰爭」在人類發展過程中多麼重要，但每個時代的「戰爭觀」差異又很大。所以戰爭也是一個很複雜的問題。

「九一一事件」不僅是戰爭，而且是新戰爭型態。純從戰爭方法的角度觀之，賓拉登（Osama Bin Laden）和蓋達組織（Al Qaeda）確實創造了新的戰爭型態，建立戰爭新「典範」，把人類的戰爭型態推向「第四波」，這慢慢再說。

先說《中國歷代戰爭新詮》，這個主題有「中國歷代」、「戰爭」和「新詮」三個主要概念，也是三個重要的限制。

首先談到「中國歷代」，這是一個重要的設限，但因中國地大物博，歷代又有分合，領土變界也很大，例如元朝統治地區遠達今伊郎、伊拉克、俄羅斯等地區，那些戰爭算不算？所以「中國歷代」戰爭包含：㈠在中國領土上發生的戰爭；㈡是中國人打的戰爭；㈢中國人在中國的屬國上（如朝鮮、安南等）發生的戰爭；㈣中國人援助友邦的戰爭（如韓戰）。

「歷代」指中國由古至今，每一個朝代，勿論分合，其各個政權或國家（如五胡十六國）都包含在內。

在這裡對「戰爭」、「戰役」或「會戰」，不做嚴謹的界定，畢竟那是專業軍人及戰史學術研究才須要的工夫。對一般人而言，只要理解都是某一階段的武裝衝突已足。

其次是「戰爭」，這是一個比較複雜且不易說清楚講明白的概念。因為涉及戰爭「觀」，

一種觀念或看法，各時代、學派、學者差異很大，後面再詳說。

最後是「新詮」，這表示陳老師對「中國歷代戰爭」的詮釋，不同於往昔或當代各家，一言以蔽之，中國歷代戰爭只為「統一」一事，別無大事。

二、這麼說我們所談的主題，還是以「戰爭」最為複雜，那麼我們就得花些時間，先把「何謂戰爭」說明白講清楚，讓大家對「戰爭」有初步的認識。

好，從傳統的戰爭觀，認為戰爭是兩個國家依國際法規則所進行的武力鬥爭，其目的在實現國策或擊敗對方。仔細分析此種戰爭觀，有以下數點深值深意。

第一、此種戰爭發生於國家和國家之間。

第二、是兩國武裝部隊的事，不應禍及平民百姓。

第三、以擊敗對方為目的，實現本國國策為目標。

第四、依國際法或一定的國際間規則行之。（註一）

這是十九世紀及以前數千年間的戰爭觀，是對戰爭最傳統的看法。若深究之，也可以發現這種戰爭觀也有許多「灰色地帶」，不清不楚，讓想要發動戰爭者有「混水摸魚」

的空間，依序評述上四項。

第一、即是「國與國」之間才算戰爭，則美國南北戰爭，中國近代內戰及歷史上許多政府軍和叛軍（不論革命或造反）之間，都不算戰爭了。這裡發生了理論不能解釋現象，理論也和經驗脫節的問題。就算是國與國之間，也有宗主國、屬國、保護國、政府、政權、組織等差異，均不能合理解釋。

第二、「兩國武裝部隊鬥爭，不涉平民。」此為保護平民百姓，立意甚佳。但是「自古以來許多戰爭都是兩國傾其全國戰力投入，平民百姓其實是戰爭的背後支持者，軍人只是「代表」人民，依循民意上戰場打仗。所以，要交戰國雙方人民不涉入戰爭，或不參與，是不可能的。

第三、為達成目的，實現目標，勢必運用一定的方法或手段。而其過程是否合法？是否合乎倫理？則已無人可以顧及，也沒有任何公平勢力可以裁決。

第四、所謂依國際法進行，還是陷入「國與國」的阱中，且國際法規之類的東西，古以來許多戰爭都是最後的統裁者，而不是國際法規之類的東西。而且，國際法也沒有最後統裁力量。

以上是十九世紀以前的戰爭觀和戰爭定義，可見是語意不清。而且，國際法不禁止戰爭，也有鼓勵戰爭之嫌。進入二十世紀，因武器殺傷力過強，戰爭規模日越強大，才

開始立法限制戰爭或阻止戰爭。

三、戰爭縱使不能避免，也須要限制。否則，國際叢林或人類社會任其弱肉強食，想必戰爭將無限制增加，人們將永無寧日。

人類一進入二十世紀，一九〇七年的海牙和平會議，有一個「白里安條約」（Bryan Treaties）及不久後的國際聯盟（The League of Nations, 1920-1946），都設法限制戰爭，或規定會員國在某些情況下不得從事戰爭。對戰犯、戰俘、戰罪與戰爭行為，開始有比較合理的立法規定，至少這是以比較積極的態度，規範戰爭或限制戰爭。

國際聯盟原始本意規定，凡違約發動戰爭之國家，即應受國際聯盟制裁，可惜組織不健全，製裁力不足。成立之初，美國未加入，日本、德國、義大利而又先後退盟，且侵略別國而國際聯盟又無力制裁，一九四六年終於「結束營業」。

世紀初葉的兩次世界大戰，軍民死亡總數約五千餘萬（其中中國人約二千萬）人類似乎有些覺悟了，成立「聯合國」（The United Nations, UN），對限制與防止戰爭有更積極的規定，例如憲章條文：

第二條：各會員國必須以和平方法解決國際爭端，避免危及國際和平、安全與正義，

禁止用與聯合國宗旨不合的任何方法，侵略任何國家；同時，未加入聯合國之國家也應遵守這些義務。

遇有使用武力威脅或破壞和平，或侵略行為發生時，安全理事會即可採取集體安全行動加以制裁（第七章）。

聯合國運作至今半個世紀，戰爭似乎沒有減少，深究其原因可能有如下幾點：

第一、仍以主權國家為規範主體。

第二、自衛戰爭是天賦權利。

第三、「何謂侵略行為？」會員國亦無共識。

第四、聯合國判定「非法行為」，會員國仍發動戰爭，如美國在二○○三年對伊拉克戰爭（非法的侵略行為），聯合國亦無力制裁美國。

不管怎麼說，二十世紀的一百年，人類對戰爭行為學習到二件算是可貴的共識，㈠有限戰爭（Limited war）：㈡避免核戰（Nuclear war），這是廿世紀重大收獲。對有限戰爭的戰爭觀，我認為是最正確的態度，人類接受戰爭是歷史發展中的「常態」現象，即是「常態」則不可能消失，只是在發生時要給予「控管」，使其在一定限度內發生並結束。

雖可把戰爭視為人類社會發展的常態，卻絕不能視為「當然」或「應該」，否則各

方發動戰爭，都認為當然或應該，則「何謂侵略？」將永無共識。由此觀之，目前的聯合國憲章也還有很多問題。諸如：

第一、非主權國家，如庫德族、車臣等面臨戰爭（勿論主動或被動），如何規範？

第二、聯合國無力阻止強權的侵略行為（指聯合國判定為非法的戰爭行為如美國第二次打伊拉克）。

第三、自衛戰爭是天賦權利，僅止於會員國（主權國家），亦不合「天賦」之意。

凡此，都說明人類到廿世紀，不僅不能消弭戰爭，無法阻止戰爭，也無力處理各族群面臨的戰爭。從聯合國成立（一九四五年）至今，全球亦戰爭未斷就是明證，只好再期待廿一世紀，看人類能否全面消弭戰爭！

四、前面所談是人類到廿世紀為止的戰爭觀，及面對戰爭的處理方法，都還沒有找到避戰良方。只好把期望放在廿一世紀，但大家知道一進入廿一世紀便發生「九一一事件」，陳老師說是新戰爭型態的出現，請進一步解釋。

「九一一」確實是一場戰爭，而且我在前面已經把它定位成「第四波戰爭型態」，

賓拉登和蓋達組織創造了新的戰爭方法和觀念，建立新的戰爭「典範」。理由如下：

第一、推翻以往戰爭是主權國家的專利，賓拉登非國家領導人，蓋達也不是國家。

第二、開創以一個人（賓拉登）對付一個超級強權（美國）的戰爭，而且打贏，真是空前絕後。

第三、打破美國建國兩百多年來，美國人自信全世界沒有任何勢力可以入侵美國本土，並造成傷害的「神話」。

第四、蓋達組織是人類社會發展至今最神奇的組織，它沒有「地方」（找不到），沒有人（找不到），沒有政府（看不到），沒有結構（不知道），目前處於「不存在」狀態，而力量正在漫延、壯大。

第五、它是有史以來，唯一可以合乎孫子兵法上「形人而我無形」的標準，蓋達目前仍處於「無形」狀態。

第六、推翻攻守須有一定比例戰力的戰爭法則，傳統戰爭規則認為攻勢一方的兵力應為守勢的五倍，即守勢有一萬兵力，發動攻勢者最少要有五萬兵力。參與「九一一事件」的蓋達成員（指親自上戰場），才不過十多人。

第七、開創以最低成本（約四十多萬美金），造成敵方（美國）數千億，乃至更多

美元的損失，外加大約四千人命，破除戰爭要「錢、錢、錢」的傳統打「錢」觀。

第八、「絕對弱勢」對「絕對強勢」的戰爭，今後只要「複製」九一一事件，便能達成所欲之戰爭目標。一個東西可以複製，就是典範，今後這世界上就沒有了永不受攻擊的「絕對強者」只有相對強者。

第九、賓拉登與蓋達組織目前處於「冬眠」狀態，進行新人甄補，且化整為零成許多小組織。其有形的形體雖存在，依然保持「無形、隱形、處處有分身」。而賓拉登和蓋達則轉換成回教世界的信仰「圖騰」，繼續對美國帝國主義及西方霸權鬥爭。目前的新策略是用信仰和意識型態鬥垮美國，因此，後頭還有好戲。

第十、推翻以往不傷平民百姓的戰爭規則，「九一一」不僅造成數千平民死亡，而且把死亡恐懼瀰佈在所有美國人身上，就戰爭所欲達成的目的或目標，可謂非常成功的。

因以上十點理由，可見「九一一」戰爭改變了戰爭型態（包含史觀、方法、觀念等），九一一戰爭和人類以往千百年來的戰爭沒有相同者，這是「新品種」。所以，九一一不可只當成一個「事件」，也不是「準戰爭」，而是實實在在的戰爭，是「不對稱戰」的最高境界。定位第四波戰爭，當之無愧。

原本希望廿一世紀人類可以解決或消弱戰爭，現在一開始就創造了戰爭「新品種」。

所以，更複雜、更大型、更殘酷的戰爭，唯一可以樂觀的，廿一世紀還有很長的未來，我們更多的時間和腦力可以用來思考消弭戰爭的方法。

五、陳老師，前面已經概略談到《中國歷代戰爭新詮》、戰爭史觀演進和第四波戰爭型態。那麼，我們也有必要了解一下第一、二、三波戰爭是什麼？讓大家對戰爭發展史有全盤的初步認識。

戰爭史觀的演進有各種分析法，按各個世紀是一種觀察，「未來學」夫妻艾文・托佛勒和海苿・托佛勒（Alvin and Heidi Toffler），在他們的名著「第三波」和「新戰爭論」中，把戰爭發展史分成一、二、三波。

第一波戰爭，是指農業時代的戰爭，時間大約從人類結束游牧進入農耕，到工業革命（十七世紀晚葉），約有將近一萬年時間。農業時代會孕育戰爭有三個原因，其一是農耕須要在固定的地方，可以儲存、累積各種力量（特別是生產力及各種經濟力）。力量大到一定程度（人口、財富等）足以發動戰爭，掠奪更多財貨以壯大自己。其二是當人財大到一定程度，便須要組織、管理，國家組織於焉形成。其三國家組織形成後，從事戰爭成為國家的天職，為防衛或擴張都須要戰爭。故商鞅說：「國之所以興者，農、

戰也。」第一波戰爭使用刀、矛等武器，戰爭規模不大，殺傷力也有一定限度。由這個發展史觀之，戰爭之發生或形成，根本是人性使然，一種自然現象。

第二波戰爭，因工業革命後的現代化運動而啓動。所謂「工業革命」，是人類開始用蒸汽、電力進行工業化，所有產品在工廠內一貫作業，大量生產，取代了農業時代的手工業，這個過程也常被視爲「現代化運動」。軍事上的武器裝備如飛機、大砲、戰車、船艦、槍彈等便從大兵工廠的生產線不斷產生。

而從事戰爭的人（軍人），也在各生產線上（各軍事學校）快速「製造」與訓練出來，如潮水般大批湧現上戰場。軍人不夠，民兵也上戰場，再不夠便全國皆兵，這便是十八世紀以來流行的無限戰爭，兩次世界大戰才因而死了好幾千萬人，就是無限戰爭觀「大量毀滅」的結果。

一九七〇到八〇年代間，科技、資訊、社會型態等發達與轉變，第二波開始沒落，到一九九〇年波灣戰爭，是第二波戰爭時代的結束，前後約有三百多年。

第三波戰爭從一九九〇年八月二日，伊拉克總統海珊揮軍佔領科威特開始，一九九一年一月十七日美軍率聯軍進攻巴格達，史稱「第一次波灣戰爭」。這場戰爭正是一個新戰爭型態，正式進入第三波戰爭型態，也是第三波戰爭的「典範」。這個典範的特質

就是「拿電腦的兵比拿槍的兵多」。總結檢討第一次波灣戰爭，伊拉克的軍隊只是一部「機器」，屬第二波戰爭時代產物，一部龐大粗拙的機器。而聯軍是一個系統，具備內建回饋和自我調整的功能，實際上是許多次級系統，這就是第三波科技與文明。

第四波戰爭來的如此意外和快速，當人們還在慶祝千禧年的公元二〇〇〇年九月，「九一一」爆發，新的戰爭型態宣告「研發創造」完成。

從第一波到第二波約有萬年之久，第二波到第三波僅三百多年，第三波到第四波剩十年。「波矩」越來越短，表示人類創造發明欲望旺盛，想要開創更新、更多元、更詭異的新戰爭型態。

第五波戰爭型態會怎樣？何時會發生……

六、陳老師戰爭觀、戰爭型態的發展講得很清楚，另外講《中國歷代戰爭新詮》的目的、動機為何？有哪些戰爭要講也概略提示一下。

關於《中國歷代戰爭新詮》要先在電台宣講，我是以向大眾「佈道」的心情來講解，並經由對話使內容更生活化。談到目的或動機，此二者綜合起來說，應該可以簡化或以下幾點：

第一、知國家興亡之道理。一場戰爭往往決定國家安全和興亡，如薩爾滸一敗，明朝岌岌可危；甲午戰敗，清廷割台。其中自有興亡之道，不經「新詮」，不能彰顯其理，不足以警示生生世世的炎黃子孫。

第二、知英雄豪傑競逐權力戰場之動機。自黃帝戰蚩尤……劉邦戰項羽、孔明北伐、鄭成功北伐等，除權力與利益爭奪外，還有什麼？不由「新詮」難知真相。

第三、知敗數成功之原因。中外歷史上的戰爭，定有勝敗，任何戰爭極少打成「平手」，縱使武力戰平手，甚延伸領域（政治等）也定有得失，非「新詮」不足以知其多方面成功與失敗的原因。

第四、知帶兵、練兵、用兵的智慧。古來兵法家、軍事家及各級軍事指揮官，雖滿腹兵學知識，苦無實戰驗證，又不能刻意發動戰爭。深研歷代戰史，可得許多實戰經驗教訓和智慧。

第五、知主動開啟戰端者的動機。許多戰爭的爆發只知近因不知遠因，知軍事緣由不知有歷史背後的黑手。例如，日本近四百多年來不斷侵略中國，大家只知「田中奏摺」，鮮有人知早在豐臣秀吉時代策訂統一「日中朝」的大陸政策，所以侵略中國是日本人的歷史使命，也是天職，是生生世世日本鬼子的「政治信仰」，炎黃子孫有幾人知道這個

「秘密」。

第六、知「驗證理論和建立理論」的全程。在驗證理論方面，是對兵學家或軍事家所提出之理論（學說），經戰爭經驗證實其正確性或可行性；建立理論方面，戰爭活動再多也止於一種經驗，許多經驗可以歸納出理論（戰爭原則、兵學論述）。

小結以上六項，《中國歷代戰爭新詮》的基本史觀，是大一統戰爭史觀，中國歷代戰爭，自黃帝以降，中國地盤之上只能有一個最高的統治者，所謂「天無二日，地無二王」是也，這便是一個完整統一的基本規格。這也是中國人生生世世的政治思想信仰。

但歷史上不免出現割據、分裂，只是當處於分裂分治局面時，便要持續發動一波波的統一戰爭，直到中國重新回到統一狀態。為什麼各自獨立的分裂分治狀態不能長治久安？為什麼一定要發動統一戰爭？不發動統一戰爭可不可以？是什麼動力使統一之戰一定會爆發？

原來，中國政治思想最緊要的，是歷代思想家（如孟子定於一）的大一統理論，「大一統」是中國人千秋萬世的信仰，是理論，也是定律，歷代戰爭不斷印證這個定律。「大一統」成為中國人永恆的「神咒」，不破，不滅。

在大一統定律之下，「偏安」都是非法的，而有能力完成統一，卻不謀求統一，也

會受到歷史譴責。因此統獨雙方都有莫大的壓力，統一之戰仍不得不爆發。

《中國歷代戰爭新詮》要講哪些戰爭？五千年間戰爭（會戰、戰役）真是不計其數，我以「重大、決定性、改變歷史」三個標準做選擇。另外，對我國歷史除分代，也參考國內外重要思想家（黃仁宇、薩孟武、蕭公權）的觀點，加以分期，整體結構如次：

第一篇　結論：為《中國歷代戰爭新詮》拉開戰幕

第二篇　上古至先秦時期戰爭：

涿鹿之戰、湯放桀、武王伐紂、宋楚泓之戰、晉楚城濮之戰與邲之戰、鄢陵之戰、「弭兵之會」、吳楚大戰（以上是春秋）。六國抗秦、伊闕之戰、白起伐郢城、秦攻大梁、華陽會戰、長平會戰、秦滅六國（以上戰國）。

第三篇　第一帝國時期戰爭

統一之戰、北逐匈奴、征南越、鉅鹿之戰、滎陽會戰、垓下會戰、漢匈上谷之戰、漢匈大戰四十年、劉秀復國、竇憲征匈奴、赤壁之戰、桓溫伐秦及伐燕、淝水之戰、南北戰爭、周伐齊、隋伐陳。

第四篇　第二帝國時期戰爭

隋征高麗、唐太宗征高麗、滅東突厥、唐征薛延陀和回紇、唐征西突厥、征吐蕃、

安史之亂、契丹滅後唐、周世宗征南唐。宋遼之戰、宋夏百年戰爭、宋金、宋蒙之戰。

第五篇　世界大帝國興亡史：元朝與蒙古帝國滅西夏、滅金、滅宋、滅花剌子模、孩兒桑會戰、滅俄羅斯、阿富汗及呼拉商、平定裡海和黑海地區、征波蘭和匈牙利、里格尼志會戰、賽育河會戰、征木拉夷、圍攻巴格達（滅伊拉克）、四大汗國與帖木兒帝國興亡。

第六篇　轉型到衰落時期的帝國戰爭漢族復興之戰、明軍北征、燕王篡位及北征、明成祖征蒙古、鄭和下西洋、中日朝鮮七年戰爭、鄭成功反清復明與收回台灣。薩爾滸之戰、澎湖海戰、俄國侵華、鴉片戰爭、太平天國之戰、甲午戰爭、黃海海戰、台灣義軍抗日、八國聯軍、日俄戰爭、國民革命。

第七篇　結論：戰幕，暫時落下

註一：所謂的「國際法」（International Law），在史上有不同稱謂，十六世紀以前稱「自然法」（Natural Law），一六二五年荷蘭法學家葛老秀斯（Hugo Grotins, 1588-1645）稱「萬民法」（Jus Gentium）。一七八〇年英國哲學家邊沁（Jeremy Bentham,

1748-1832）開始稱「國際法」，是法學、政治領域內重要的概念。

稱「自然法」時，指自然秩序、宇宙理性、演化或生長的法則，是一種普遍理性或普遍性法則。古羅馬斯多亞學派（Roman Stoicism）的思想家中，以奴隸思想家愛匹克迪泰斯（Epictetus, 約50-120），倡導奴隸制度違反自然法應序廢除，對後世自然法演進貢獻很大。

葛老秀斯的名著《戰時與平時法》（De June Belli acpacisum），確立國際交往與戰爭原則，為各國所接受，現代國際法遂告誕生。目前國際法的內涵大致是：

（一）國際社會各成員公認的法律原則，而不是由一個權力高於國家的團體所制定的。

（二）國際法的範圍是國際關係的全部，包括平時、戰時與中立時期國際法人之間權利與義務關係。

（三）國際間公認「必須」遵守的規則，學者以為「應該」遵守的規則不是國際法的範圍。

關於國際法的主體，向來在自然人與國家間爭論，晚近以來已包括完全主權國家、部份主權國家、國際組織、自然人等。若以上述標準評量，目前世上並沒有可以通行各國而能普遍適用的國際法，「九一一事件」後更是沒有了。

註二：在國家發展過程中可以得一公式：統獨問題等於和平與戰爭問題，或統一等於和平安全。證於古今中外歷史皆然。一九五九年五月十一日，英國外相洛依得（Lloyd）、法國外長莫維里（Couve de Murville）、美國國務卿赫特（Heerter）及俄國外長葛羅米柯（Gromyko）等，在日內瓦召開外長會議（一九五五年已先開高層會議），主旨就是歐洲安全與德國統一。西方三國認「德國不統一，歐洲無和平安全」，當時雙方立場懸殊，會議自然無結果，但歷史發展得到充份證明。在亞洲亦然，中國不統一，亞洲無和平安全，甚至世界亦無和平安全可言。但今之超強美國，卻未盡力促進中國之統一，反而成為分裂中國的幫兇，企圖使中國永久分裂，實在居心不良。

第二章 「第四波戰爭」開山鼻祖 —— 賓拉登

人類的戰爭形態史，經過第一、二、三波的演化，到了賓拉登……

壹、戰爭形態簡史：第一波到第四波 —— 兼述第一代到第四代現代戰爭

人類文明、文化發展史，正是一部戰爭形態演化史，戰史也反應每個時代的生活和當時人們的工作方式。當人類社會進化到農業時代，也同時是「戰爭的誕生」。這表示人類在開啟農業革命之前，那更久遠的原始、狩獵的部落社會，是「沒有戰爭」的。但沒有戰爭也不表示更和平，也許更不和平，因為原始部落存在永無休止的敵

意，不斷輪迴的報復殺戮、擄掠婦女、爭奪地盤，這是「暴力」而不是「戰爭」。

所以，有沒有戰爭？是不是戰爭？有時不從「現象面」看發生的事，而是從「本質面」看如何界定「戰爭」！很奇妙吧！所謂的「第四波戰爭」或「第四代戰爭」，都和人類社會發展及如何定義戰爭有關。

戰爭：「第一波」到「第四波」

當人類大約在一萬年前，農業社會開始形成之初，社會和政治制度逐漸發明，「戰爭」也同時出現，此後一萬年間，到工業革命止，史學家和戰爭研究學家稱「第一波戰爭」時代。農業之能打開戰爭之序幕，啟動戰爭「遊戲」的動力，理由有三：社會總體生產有餘並能積累成經濟力量，足以支持發動一場戰爭，此其一；其次經濟力量又啟動人們（尤其統治階層）壯大發展的企圖心；其三是國家、社會發展得以加速。

此三者相加，便提供了第一波戰爭所要的條件和內涵。商鞅說：「國之所以興者，農、戰也。」「使民力農事，務戰鬥，則國富疆矣」。而在西方社會發展也類同，羅馬、希臘時代，戰爭也和農業季節息息相關。

第一波戰爭是農業時代的戰爭，其戰爭規模、武器裝備均如同務農，「肌肉力量」

就是戰力，槍、劍、斧、予、弓、弩砲，至火藥的有限運用，都靠人力搏鬥進行白刃戰，決定戰爭最後的勝敗！但工業革命改變了這一切！

工業革命開啓第二波戰爭的序幕，到一九九一年波斯灣戰爭，時程將近四百年。第二波戰爭的特質是「工業化戰爭」，一切的一切都講求「大」。全國各式各樣的大工廠林立，大量製造、大量生產，大量的「兵」由各個大型兵營基地上快速「生產、製造」出來，因爲國爲戰爭須要，必須大量兵員。而擔任指揮、管理的軍官，則在各國軍事院校中，也是「大量、快速、統一規格」的製造出來。

在一戰、二戰中，投入戰場的兵力、飛機、戰車、戰艦、武器、彈藥……都是十萬、百萬、千萬計……要有多少工廠、工程師、技師在後方負責生產製造……結果是全國皆兵……國家、社會變成一部「戰爭機器」，國家掌控了一切。

死亡總量也是超大，大規模轟炸，大量毀滅、大殲滅戰，一場戰役死傷幾十萬、上百萬，一顆原子彈幾萬人瞬間不見了！兵法家、戰略家、戰場指揮官的信條都是「殲滅敵有生戰力」，即一切「有生」就是戰力，就要殲滅！

直到冷戰時期，追求大量毀滅理論和核武終極解決，仍是美蘇兩強及其他次強的國家戰略指導。到一九七〇年代末及一九八〇年代初，第三波科技、構想、社會型態慢慢

的出現了，開始聞到「第三波」的味道。

第三波戰爭仍由國家掌控著。但戰爭思想，戰爭指導和準備，大體仍不離古來中外兵學家所構建之軍事理論，各國建軍備戰中的戰爭原則仍受到重視，惟戰爭型態有了開創性的改變。而開創這個第三波戰爭「典範」，正是一九九一年元月十七日美軍開幹的波斯灣戰爭，或提前到一九九○年八月二日海珊入侵科威特。

這場戰爭之能終結第二波，成為第三波典範。《新戰爭論》作者 Alvin and Heidi Toffler 形容「拿電腦的兵比拿槍的兵多」。到底這場戰爭的開創性作為何在？才是使其成為典範的原因。

△知識、資訊的流動成為「無形的殲滅要素」。

△減少傷亡」的分眾化摧毀主宰戰場。

△「尾巴」空前的長，有戰場不在戰場上。

△創新就是戰力，軍方和民間經由網路連結。

△軍隊規模更小，火力更強，功能更多更大。

△軍隊組織不斷進化，$C^3I \rightarrow C^4I$。現在 $C^xI \rightarrow C^xI$。

△軍隊、戰場、國防部到總統，有完整的系統整合。

△國家基礎建設的配合，從衛星到網路的神經系統。

△速度與時間的控制，從空戰到陸戰因速度而取勝。

媒體都報導美軍五十萬投入戰場，而事實上二十到三十萬做的是後勤支援，屬「尾巴」工作。這條尾巴還包含在美國本土的電腦程式設計師，有人根本從頭到尾都「宅」在家中的電腦桌上，邊喝著咖啡邊打著波灣戰事。所以，這場第三波戰爭最後僅僅由第一線的二千名士兵打贏的。

反觀海珊陣營的軍隊，其組織、管理、指揮，乃至武器、裝備之運用，仍是第二波時代的產物，這仗怎打的下去？海珊的「愚、笨」不止於此，他明明只是大叢林中的一隻比較兇的「野兔」，何必遭惹大野狼！只能說人笨的時候就會自尋死路吧！搞不清叢林狀況！

歷史只會往前走，不會走回頭路，第三波戰爭時代才走了十年，第四波戰爭典範就急著面市，開創者是賓拉登，他把第一、二、三波的戰爭原則、方法、戰具，全都推翻了，全面創新，第四波時代來臨了！

第四波戰爭，沒有國家、政府，沒有軍隊或民兵，沒有武器裝備製造廠，沒有自己

人，便能達成戰爭目的！

的存在，沒有軍事院校！「四大皆空」了！來無影，去無蹤，用對手的資源，只要幾個

現代戰爭：「第一代」到「第四代」

把賓拉登領導蓋達組織進行的戰爭形態稱「第四代戰爭」，源自畢業於達特茅學

院，曾任美國「自由國會基金會文化保守主義中心」（Center for Cultural Conservatism of

the Free Congress Foundation）主任 William S. Lind。此處的介紹引自黃文啓譯「瞭解第

四代戰爭」（Understanding Fourth Generation War）（William S. Lind 原作），刊「國防

譯粹」（National Defense Digest）第卅二卷第七期（民 94 年 7 月）。

現代戰爭的四個世代起於一六四八年「三十年戰爭」（Thirty Years' War）結束時，

所簽訂之「西發里亞條約」（Peace of Westphalia），該約確立國家爲戰爭唯一的主體，

各國軍隊除了與別國軍隊作戰外，沒有其他戰爭方式，仍從第一代說起。

第一代現代戰爭（First Generation of Modern War），是「行列式戰術」（Line-and

Column tactics）的戰爭，這種形式存在於一六四八年至一八六○年間，特質是正式的會

戰和有序的戰場，突顯軍人的階級制度、制服、禮儀等嚴謹之特色。進入十九世紀中葉，

因大編制軍隊、後膛裝填步槍及機槍的出現，逐漸式微、瓦解。

第二代現代戰爭是法國軍隊於第一次世界大戰期間至戰後，所發展出來的消耗戰，以消耗敵軍戰力為目的，步、戰、砲戰力的集中統合運用，指揮官有如交響樂團的指揮。「第二代戰爭」概念置重點於內在考量，服從的重要性高於主動積極。事實上，主動積極可能危及統合作戰作為，故不鼓勵，紀律必須由上而下嚴格貫徹。

第三代現代戰爭也是第一次世界大戰產物，卻由德軍發展出來，一般稱「閃擊戰」（Blitzkrieg）或「機動戰」（Maneurer Warfare）。「第三代戰爭」主要概念已非火力和消耗戰，而是速度、奇襲與打破敵人心理和實體的平衡；此種戰爭形態的核心思維是「迂迴與擊潰」而非「近接與摧毀」。攻勢力求深入敵後行顛倒正面攻擊，守勢則誘敵深入，加以拘束殲滅。

「第三代戰爭」也改變了軍事文化，不求內在的程序和過程，而在外在的戰況，敵軍及所望戰果。德軍的兵棋推演常碰到打破命令才能解決的問題，德軍作戰命令僅具體說明所望戰果，絕不律定執行方法，重主動積極而非服從性。

第四代現代戰爭是「西發里亞條約」以來最大一次變化，除賓拉登創下「九一一典範」外，其餘基地組織如哈馬斯（Hamas）、回教真主黨（Hezbolla）等，等於推翻了「西

發里亞條約」的核心思維，使國家喪失了對戰爭的獨佔權。確實，像「蓋達」這樣的組織，即不是國家，也不是軍隊，各國正規軍反而處於劣處，包含美國在內，至今尚未找到好辦法可以應付第四代戰爭。

貳、「九一一」溯源追因：歷史與開創

歷史是過去的，屬於已經「掛掉」的時間，過去了！不論昨天或一萬年前，都一樣是過去的。但過去不表示沒有影響力，中國歷史上有很多人，如孔明、關公……生前影響力拘限於一隅，死後以其英靈影響整個神州大地，乃至為未來下「指導棋」！

很多人把歷史當破鞋，這就像把黃金當糞土用一樣，他將失去開創的智慧。拿破崙名言說：「余之戰略素養是得之於反覆研讀亞歷山大帝、漢尼拔、凱撒、古斯托夫、菲特烈大帝等八十四個戰役的歷史所瞭解的用兵真理。」（註：該五人即西方五大名將，亦稱五大戰略家）。中外各國戰略家也一致體認「研究戰史，領悟戰爭藝術，是成為名將的不二法門。」

一九九一年波斯灣戰爭，美軍指揮官史瓦茲可夫（Schwarzkopf），對於這場勝仗曾

自詡其戰略指導，領悟自漢尼拔（Hannibal Barca, 247BC-183BC，北非迦太基 Carthage 人）的坎尼（Cannae）會戰。

每一個能成為一代名將者，能開創一種典範，必然不是僅僅在「遵守歷史法則」，而在從歷史的領悟智慧，開創新局，創造新典範，五大名將如是，拿破崙如是，史瓦茲可夫亦如是；否則，他們就會和我一樣，上校退休，領一點退休金過過日子，苟活於海島亂世！

我研究賓拉登，發現他對歷史很有領悟，他思索「基督和阿拉千年決戰」，不要再拖太久，伊斯蘭復興何時有望？英美資本主義如何的可怕？如何才能打垮地球上最邪惡的西方強權？該是領悟歷史。進而「推翻」歷史，開創新局，建構新典範的時候了。這是「九一一」！這是「第四波戰爭」新典範！

名將也罷！像賓拉登這樣的絕世英雄也罷！通常對歷史要有很深的認識，對本民族之歷史、文化、宗教，要有超乎尋常的愛，才能有偉大的開創，賓拉登是這樣的人。

賓拉登（賓拉登只是他的姓，全名很長應作 Usamah bin Mohammad bin Awad bin Laden），父親 Mohammad bin Laden，是沙烏地阿拉伯王國的王室親戚。所以他是嘴裡含著金湯匙出生的，有關他的身世、背景、「九一一事件」經過，均在事件後這十年各

國有很多研究，不再重述。僅從「阿拉伯世界的眼睛」簡要溯源追出造成九一一事件的原因，及他夠格稱「第四波戰爭」開山鼻祖之理由。

任何事的因通常不會是單一的，尤其像阿拉伯世界和英美強權更是複雜。僅就賓拉登創建蓋達組織，轟轟烈烈的幹下「九一一戰爭」，可以視同整個阿拉伯世界多數人的期待，這位老賓幫大家完成。

第一、兩個神的決戰，而人打「代理戰爭」

就是基督和阿拉兩位神祇的「千年決戰」，是一種「先天的戰爭」。為何是先天？因為回教和基督教（含天主教，在西方都稱基督教界），在宗教學上叫「一神教」，其教義基本理論即「一神論」。

稱「一神教」或「一神論」，最根本的教義思想是「我的神是宇宙間唯一的真神，其他不是，當然就是假的，或者根本是邪魔歪道，即是假神或邪魔，那就要消滅——除非信徒改信我的神。」這是這兩種宗教信徒的基本邏輯思維，所以基督和阿拉玩的「零和遊戲」，有如台灣島民玩的「統獨遊戲」，都是二選一的「是非題」，非對即錯不能選別的。

「一神教」的零和遊戲更可怕，是「生死遊戲」，基督和阿拉都有「吃下對方」的

天命。問題是誰先發動「吃下對方」的戰爭？或誰先結下「梁子」，從歷史看是代表西方陣營的基督世界先結下梁子（見下項：十字軍東征。代理戰爭也就打不完了，再一千年也打不完！

第二、十字軍東征的續戰。

有些歷史學家把「九一一」源頭追到基督徒啟動的十字軍東征，西元十一世紀末，歐洲教會最高統治者羅馬天主教會，企圖建立「世界教會」，讓整個世界「基督化」，把目光指向地中海東岸的伊斯蘭信仰的各國。

一○九五年，在法國南部克勒范宗教會議上，教皇烏爾班二世號召基督徒東征，指稱：「穆斯林佔領了我們基督徒的聖地（耶路撒冷），我代表上帝下令，號召你們，把那邪惡的種族從我們土地上消滅乾淨！」凡參加的人軍服上繡「十」字，一生所犯的罪將得到赦免，史稱「十字軍東征」。

十字軍東侵共歷時約兩百年，發動過十一次。基督大軍所到之處，大肆掠奪、屠殺，無數城鎮被洗劫，乃至大屠殺，伊斯蘭史也是血淚成河成海。但伊斯蘭文化某一部份似同中國的儒家，他們不願報復，當回教徒最後又光復了城池，並未對基督徒展開大屠殺，電影「王者天下」就是演伊斯蘭這段「以德報怨」情節。但「以德報怨」通常只是統治者的「政治籌碼」，普遍的下層乃至中階層以下未必接受，這種「國仇家恨」在西方民

族可以代代相傳，百年千年而不忘，民怨乃藏於整個民族的潛意識中。以阿深仇也是史例，都是千年積累的恨，子子孫孫絕不會忘記，除非有一方從地球上消失。

這種情形在中國完全另一種思維，歷史上種族或政權衝突的屠殺一樣不少，但中國人似主張「一笑眠怨仇」。滿清入關屠殺多少無辜生命！幾代或不到百年內，早被人們忘光光！

但基督徒組成的十字軍或許屠殺太多伊斯蘭子民，這筆債在回教世界子民生生世世的心中，凝結成一種民族主義，他們要復興（復興常與復仇並存）！是故，自二十世紀以來，阿拉伯各國有各式各樣的「組織」出現，他們的終極目標要使「英美恐怖國家從地球上消失，尤其美國，更是頭號敵人！」所以，到底誰是恐怖主義者？最初的「肇事者」是教皇烏爾班二世，他人死了快一千年了，回教世界子民的恨永不死！

第三、英美強權以「民主」之名對回教世界進行和平與武力雙重控制。 英美強權以「民主、人權」為包裝，對回教世界進行「和平演變」，企圖把「美式民主」推向回教各國及全世界，和平演變不成就以武力侵略，目的都是控制市場和石油，有一點戰略素養的人就看的清清楚楚。

尤以冷戰到後冷戰時代，美國的唯我獨尊意識達到頂點，許多大國家都恨的「牙癢

襄的」，何況弱勢的回教各國，「九一一」等於賓拉登爲回教各國出一口氣。

二戰後的反美情緒，又加上以色列在巴勒斯坦建國，激起回教巴勒斯坦人的反對，而爆發四次中東大戰，數十年來沒完沒了（因爲美國和以色列尚未從地球消失）。伊斯蘭世界認爲，反猶反美是同一個陣線，也就是說，以色列和美國都是伊斯蘭的頭號敵人。

伊斯蘭世界各國雖痛恨美國，卻也可奈何！全球的伊斯蘭信徒有十五億七千萬人，比基督世界多很多，無奈都是弱國，只好任由美國控制。「九一一」後美國乘勢把戰力再擴張，名義是反恐，真實是爲探制石油利益，這是美國的「生命線」。美國自產原油根本不敷所需，以二〇一〇年爲準，每天進口原油高達九百九十六萬三千桶，再乘以每桶五十三加侖，這是多大的消費量。（註：美國人口三億約全球總人口二十三分之一，但消耗全球三分之一資源，是全球最浪費的國家，牠能不貪婪的掌控阿拉伯各國的石油嗎？）

美國是地球有史以來最貪婪且「高明」的帝國強權，人性化最成功的「邪魔」，但表面看牠是「自由、民主、人權」的國度。不信，可回顧人類以往的侵略戰史。以往的帝國主義者，把船堅砲利開來，大軍壓境，佔領你，統治你，說明白講清楚就是要殖民你，你不得已只好乖乖聽說。「美帝」高明多了，只用「民主、人權」，就

吃下了全世界，絕大多數國家都是「不知不覺、無知無覺」的成為美國的「附庸」，只有極少數有種的或大國有能力抗拒「美式民主」的侵略。

第四、極盡醜化阿拉伯各國之能事：伊朗何梅尼革命建立「伊斯蘭式民主政治」典範史例。

在整個阿拉伯各國中，被美國為首的西方強權醜化成「魔鬼」，與事實真相完全相反了，是伊朗何梅尼革命建立「伊斯蘭式民主政治」，在世界史的地位如同法國大革命一樣重要。但全球（阿拉伯各國除外）幾乎無意或不得已向美國一面倒，把伊朗「妖魔化」了！

第一次世界大戰後，波斯（一九三五年改名伊朗）由巴勒維王朝（Pahlari dynasty）取代卡嘉王朝（Qajar dynasty），但因巴勒維王朝以絕對專制和秘密警察治國，加上貧富差距日越拉大。終於在一九七八年由烏立瑪（即宗教意見領袖），何梅尼（Ruhollah Musari Khomeini）領導推翻巴勒維王朝，建立伊斯蘭教史上第一個以烏立瑪為政治主體的共和國。

何梅尼主導的伊朗政治體制，是伊斯蘭世界有史以來第一個在合乎教義基礎上，接受多黨民主政治和三權分立。此後，黎巴嫩、蘇丹、巴勒斯坦、阿富汗等伊斯蘭國家都受到影響，何梅尼的革命如同伊斯蘭世界的「法國大革命」，這是「伊斯蘭式民主政治」。

這種不同於西方或「美式民主」的三權分立，是政府／國會、監護委員會及最高精神領袖（Grand Ayatollah）三者間的分權，監護委員會扮演最高法院的角色，而最高精神領袖則以其宗教權威任一般西方國家中的國會。

但終究不同於「美式」，美國以其掌控全球的支配力量，把伊朗及其精神領袖極盡可能的「妖魔化」。激起整個伊斯蘭世界的仇美情緒，打倒「大撒旦」美國是共同目標，各個國家不敢有所行動，各式「基地、組織」起而開幹，賓拉登是最具開創力、行動力的一位，難怪他成為阿拉伯世界的英雄！

為何說賓拉登是最有開創力的一位？因為用「國家」對付當代第一超強的美國，是第二、三波戰爭時代的思維，行不通且沒有成功機會。故必須超越國家之外，用一種如幻影般的「組織」對付美國，這便是「九一一」，第四波戰爭的思維，這是他的春秋大業，他在伊斯蘭教史上的歷史定位，由「九一一」抵定，這就夠了！但這是他對自己的民族需要多立「偉大的愛」，蓋達所有組織成員才願意做這麼大的犧牲。

反之，被九一一攻擊而死的幾千人，看似無辜、不公平，確也未必；萬事萬物必有一個「合理」的因，只看這因要追到多遠、多深。至少現在，一個現代最高明而邪惡的「美國帝國主義」是他們所支持、擁有，不是嗎？

參、賓拉登的「蓋達」與第四波戰爭

美國人聞之喪膽的「al Qaeda」，世界各地的中文稱謂有「蓋達」、「凱達」、「開達」，其領導人就是賓拉登。

在美國布希政權時代，積極搜捕的三大對象是賓拉登、蓋達第二號人物札瓦里希（Ayman al-Zawahiri）、伊拉克「一神論聖戰團」領導人札卡維（Abu Musab al-Zargawi），他們是美國人心中的「三大首惡」，確是伊斯蘭世界三大英雄，這世界很詭。

「一神論聖戰團」（Jamaat al Tawhee Wa al Jihad），阿拉伯文字意是「神的唯一性與聖戰」，就是指伊斯蘭教屬「一神教」。但這個團體已在二〇〇五年間，改名「兩河間土地的軍事據點」（Tandheem al Qaeda fi Bilad al Rafidain; al Qaeda Organization in the Land of the Two Rivers）。

為何要提「一神論聖戰團」？因為所有伊斯蘭各類「基地」，神的唯一性是大家的「最大公約數」。儘管他們有很多派系，如什葉派、遜尼派，巴勒斯坦亦有法塔兩大派

系，但提到「神的唯一性」，便是大家都「一國的」。所以說伊斯蘭世界各國與基督世界的西方強權，根本就是兩個神的決戰，而人打「代理戰爭」（見「九一一」溯源追因一文）。

這場「代理戰爭」，從第一波時代打到第二波、第三波，這千年大決戰。（註：穆罕默德 Muhammad 於西元六一二年因麥加貴族迫害，率信徒遷到麥地那，此年為伊斯蘭曆的「聖遷元年」。又經十年對猶太教和基督教的爭戰，伊斯蘭教才在阿拉伯半島取得統治權。）這場戰爭等於打了一千四百多年了，還要打下去！因為終極目標「消滅美國、消滅以色列」尚未完成，阿拉子民必然「革命尚未成功、戰士仍須努力」。

未來還有第五波、第六波……戰爭，那是以後的事。本文先論賓拉登開創「第四波戰爭」（九一一典範），其主要有那些內涵。

第一、推翻以主權國為戰爭主體。

這得從兩方面看，一者阿拉伯世界各國，可能早已體認以國家之名和美國開戰，絕無可能取勝且可能自取滅亡，代價太大了，所以表面上應付美國，暗中透過「基地」組織打擊美國。這雖僅是推論，沒有國家會承認這樣幹的，但二〇〇二年八月美國智庫蘭德公司（RAND）指出，沙烏地阿拉伯也是邪惡軸心國家，因沙國也支助「基地」組織，眾所週知沙國是美國在中東地區主要盟邦，最堅強

的盟友都這樣幹，其他伊斯蘭各國可想而知了。

另一項證明是「九一一」後，美國佈下天羅地網爲何找不到賓拉登，因爲所有伊斯蘭各國暗中護著。換言之，伊斯蘭各國以「主權國」身份應付美國，但都企圖以「非國家」（基地）形態，打垮美國。

所謂「主權國是戰爭唯一主體」，事實上自第一、二、三波戰史觀察，大致是如此，多數戰爭是國與國之間開打的，一六四八年的「西發里亞條約」（Peace of Westphalia），不過是進一步在法律上加以限制，這段時間正好工業革命後的第二波戰爭時代。

當第三波戰爭才走過十年，沒想到賓拉登就以「九一一」這件神奇的戰爭經典作品，成爲「第四波戰爭開山鼻祖」。不管叫「第四波戰爭」或「第四代戰爭」（詳見戰爭形態簡史一文），他都是開山鼻祖。

第二、非國家的組織形態：賓拉登與蓋達。這種非國家的戰爭形態，有五個重要的核心內涵，一者無國家狀態體系，即不以主權國家爲活動單位，而是隱形的秘密活動，就算達成當次戰爭目的，也不公開其組織或「兵力」等；二者是實際上也沒有所謂「兵力」，因無正式軍隊的戰鬥序列，完全分散行動，以小組或個人爲戰鬥單位。三者沒有自行組建的「火力」（戰機、大砲、戰艦等），凡此需要均「取用於敵」

（如以敵方客機爲武器）；四者無固定戰場，選擇敵方無防衛力量而脆弱的致命要處，給予奇襲突擊的毀滅性攻擊，以產生全面性的威嚇效果，五者不分敵國之軍民，因其國家、軍隊亦該國人民所支持，故軍民不分，都是「基地」攻擊對象，如此其戰爭「效果」才能擴大。

蓋達組織到底有多大規模？組織架構如何？外界從未有確實的情報訊息可肯定解說。但按各方面研究推測，全球約有三千到五千名戰士，主要分佈在阿爾及利亞、埃及、摩洛哥、土耳其、約旦、塔吉克斯坦、敘利亞、阿富汗，乃至美國本土。「九一一」後，美國動員全球力量圍剿的結果，到二〇〇四年間，可能只剩一千名戰士。

二〇一一年五月一日午夜（美國時間，歐巴馬公開宣佈，美軍在一日於巴基斯坦境內擊斃賓拉登，歐巴馬宣稱「美國和蓋達始終處於戰爭狀態」，顯然美國也違反「西發里亞條約」蓋達不是國家，不能成爲戰爭主體。

但重要的是賓拉登走了，他完成了「天命」。「後賓拉登時代」來了！他的接班人能否超越，創造「第五波戰爭時代」，還是只能守成？

第三、打破美國「地球上沒有任何力量可以入侵本土」的神話。美國建國以來，深得地緣戰略之利，其東有大西洋，西以太平洋，得天然掩護，南北均鄰弱國，在過去的

兩百多年中，確實沒有敵人可以入侵其本土。二戰時「珍珠港事件」距本土也尚有數百公里，故美國人誇口「沒有任何勢力能打到美國本土」，這是有根據的，也見美國人的自大狂妄！

「九一一」不僅入侵了美國本土，打倒了象徵美國繁榮的核心地帶（紐約雙子星、五角大廈），把美國人的內心恐懼帶到頂點。戰爭史上沒有任何一場戰爭，可以瞬間使一個超級強權舉國喪膽，賓拉登打破了「美國神話」，改變美國人的心態，必然改變外交政策。

第四、打破第一、二、三波戰爭原則。戰爭有許多原則（見對「常與變」戰爭理念之體認），這些原則是古今中外名將、兵學家所建立，從事戰爭指導之各級人員所必須遵守。例如國軍部隊的「戰爭十大原則」：

1. 目標原則與重點
2. 主動原則與彈性
3. 攻勢原則與準備
4. 組織原則與職責
5. 統一原則與合作
6. 集中原則與節約
7. 機動原則與速度
8. 奇襲原則與欺敵
9. 安全原則與情報
10. 士氣原則與紀律

研究賓拉登領導蓋達組織，外界雖難知其全部真相，但就從已執行過的案例、外界已知者，現代戰爭原則大多已被推翻。前述十大原則中，1. 4. 5. 6. 9. 更是明顯的不合，應是賓拉登加以創新，才有「第四波戰爭」。

戰爭的攻守也有一定比例，通常攻勢一方須有守勢的五倍兵力，例如守勢一方有二萬兵力，攻勢一方要有十萬軍才能發動。但賓拉登投入「九一一戰役」，只有十九位阿拉的戰士（烈士），得到「不成比例」的輝煌戰果。

第五、有史以來成本最低、幾無軍費的戰爭。在人類戰爭史上，第一、二、三波戰爭有一共同特色，就是花費龐大，故只有國家承擔得起。拿破崙說：「戰爭三大要素，第一是錢，第二也是錢，第三還是錢。」美國的軍費每年大約是地球上其他十大國軍費的總和，因為有很多戰爭要打，可見沒錢是不能打仗的。

在「九一一」之前，蓋達組織每年活動經費約美金三千萬元，這些錢大多是來自「慈善捐款」，很意外吧！另據美國調查，「九一一」之攻擊，賓拉登使用的「戰費」是四十萬到五十萬美金之間，其中三十萬花在美國本土，連「戰具、武器」（劫持的四架客機），都就地取材，正是我國孫子說的「取用於敵」！

當然，在「兵力」的運用上，賓拉登在「九一一」一役共投入十九位戰士，他們視

死如歸，人類最高貴的情操，莫此為甚！他們的生命是無價的，他們是捍衛阿拉（Allah）的自由戰士。他們會在伊斯蘭歷史上，成為他們民族後世子子孫孫的「民族英雄」！

第六、聖戰「圖騰化」「神格化」

聖戰主義（Jihadism），是伊斯蘭世界發展出「以弱擊強」，要求徹底反制西方強權對伊斯蘭各國的入侵和控制，形成的全球性運動。

所以，全球要無數類似「基地組織」的團體，賓拉登領導的蓋達是最頂尖、最厲害的一個。

聖戰（Jihad）的宗旨是建立伊斯蘭政治共同體（Umma），但依古典看法，聖戰是伊斯蘭當局（如哈里發或大君）才能夠執行。像賓拉登以非國家的「個人行為」，當成建立伊斯蘭政治共同體的作法，在伊斯蘭歷史上也是史無前例，他是創新者。

「九一一」後，蓋達的有形實體被削弱很多，至二〇一一年美國人殺了賓拉登。但蓋達已變成一個信仰的「圖騰」，賓拉登雖死，在伊斯蘭世界他已「神格化」，結果此種無形的力量，不須建軍備戰，不須籌集軍費，乃至不須要基地。「後賓拉登時代」，可能是美國人更頭痛的時代。

「九一一」之成為第四波戰爭形態之典範，是因為推翻了第一、二、三波戰爭時代之諸多戰爭原則，把「戰爭遊戲」帶上另一個境界。更重要的，凝聚了伊斯蘭世界的共

同願景，伊斯蘭復興有望。當然，伊斯蘭各國面對超強美帝，仍須應付應付！

從國際政治這個大格局來看，若冷戰時期是美蘇兩強的對峙年代，那麼後冷戰時期是國家和解的年代，而「九一一」標誌出後冷戰時代的「終結點」，改變了美國的全球戰略，為追求絕對安全（Absolute Security），朝向先制攻擊（Preemptive Strike）的戰略準則。

總結美伊（美國和伊斯蘭聖戰）的戰略思維，美軍仍屬「第三波戰爭」而聖戰組織已進化到「第四波戰爭」，未來誰能「吃」下誰？（註）

註：戰爭形態雖分第一、二、三、四波，但並非第二波戰法「必然」贏第一波，第三波也不必然打贏第二波。越戰是另一個「典範性」戰爭，當年美軍投入第二波素質的大軍五十萬在越南戰場，但北越軍隊很落伍，很多仍是第一波的「弓箭部隊」，結果美軍敗歸，越南完成統一。

以往世人被「美式價值」洗腦，稱「越南淪亡」，事實上應正名為「越南統一」才對。若現在美軍仍駐越南（如南韓），則今天越南仍是「分裂中國家」（如南北韓），諸君以為然否！

第三章　戰爭原理與走樣

戰爭要打贏，要認識戰爭的「常」與「變」之基本原理，但現代戰爭是否變的太離譜，變的走樣了！戰爭可以走樣嗎？

壹、對「戰爭與和平」理念之體認

前言

由於人類具有競爭發展之慾望，亦有求生存之本能，加上有各種利益之爭，及因地域種族文化不同造成的偏見，戰爭在人類歷史上始終近似連續，或循環的發生。戰爭亦為多數人所深惡痛絕，傷亡破壞更是永遠存在的惡夢，和平乃成為人們所追求，而永久

戰爭之意義與功能

大凡一種連續存在或在歷史上各階段經常出現之事物，必有其存在之意義及功能，此處所指之意義與功能，是指當時的時空環境裡，可能具備相當程度的正面價值。此種正面價值若未被多數人所肯定，便很難動員大量人力物力來參與。戰爭便是，試論如後：

（一）進步與昇華

中外思想家對戰爭讚美，對和平非議之最者，首推黑格爾（Georg Wilhelm Friedrich Hegel, 1770-1831）。他認為戰爭足以達成絕對自由，是達到完美的過程，一個民族之不肯冒「死」者終亦不能偷「生」。他對和平亦有微詞，「和平過久則人人只知自私自利，除生命財產外將不知其他之寶貴。」黑格爾之歌頌戰爭，因能使國家與國民產生進步與昇華。觀察世界近代歷史，許多新國家之建立，邁向現代化之過程中均曾透過戰爭之運用。在思想之爭方面，各類型的傳統主義（如獨裁、專制、帝國及共產主義等）均曾被

和平更是最高的目標。如何達到這個目標？用戰爭手段？或用和平手段？深值吾輩智者思考，蓋「兵者，國之大事，死生之地，存亡之道，不可不察也。」

戰爭摧毀；自由主義及人道、民族或三民主義才有傳播之機會。

（二）　統一與分裂

中國在戰國時代由很多國家經由不斷紛戰，形成戰國七雄局面，最後決戰結果由秦統一中國。此為經戰爭導至政治統一之典型，所以國父孫中山先生才說：「中國自秦漢以來便是一個統一的國家。」在近代如美國獨立戰爭，及殖民地欲脫離其母國，均以戰爭達成。在人類建立國家之過程中，似不斷循環運用，所以，在政治學上「國家」便是武力之產物，沒有經過戰爭洗禮，國家無從誕生。未經戰爭（或以武力展示其決心），國家統一無由達成。

（三）　民主與專制

無可置疑地，民主（任何形式民主）已是當代政治思想的主流，最為多數人所認同的政治制度，與生活方式。這是自一八四八年馬克斯與恩格斯發表共產主義宣言以來，民主與共產之事長達百餘年，經過若干戰爭流血，民主成為一種共識。目前世界上出現三種民主模式：西方民主政治、中國式民主政治、伊斯蘭民主政治。假如戰爭之運用過

於頻繁，則民主與法治亦可能遭受破壞，且不斷戰爭必然招致獨裁，此爲政治家、軍事家在運用戰事之同時，所必須的理性思考。

惟全世界有眾多國家和民族，各種異文化不下千百種，政治制度亦不能用所謂「民主、專制」的二分法加以切割，若不能相互尊重，也必然帶來更多戰爭。

是故，所謂「民主政治」並非將「美式民主」，推廣到全世界，而是尊重各民族的民主制度。例如伊斯蘭、中國、……各有不同形態的民主制度。

（四）經濟利益之考量

古來國家之所以發動戰事，經濟利益有極大之因素，在十七世紀以後的各殖民地母國都爲取得原料、建立產品之市場與銷售管道，不惜一戰。更多使人迷惑的因素，如戰事有助提昇國家工業水準，解決失業問題，到底此種價值多少，深值吾人警惕。

本段所述，戰爭是否有這些意義或功能，應屬極大的迷思（Myth）性問題，不過孫子的「慎戰」原理可提供我們一個較爲正確之思考方向。

英美資本主義國家，向來以劫取全球經濟利益爲目標，企圖對阿拉伯世界進行「和平演變」，控制石油市場，入侵阿富汗、伊拉克；弱勢一方（伊斯蘭）只好採取恐怖攻

擊，戰爭便永遠打不完。

以不戰手段達到和平

畢竟和平是人們所希望，永久和平雖仍不可得，暫時和平也是可貴的。以「不戰」手段達到臨時和平，是目前國際上各國所常採用的手段。所謂「不戰」，並非放棄所有國防武力，不做任何防衛禦敵之準備：

（一）權力均衡

依每一國家的軍備與軍事潛力加以估計，使各主要大國與各小國之間取得一種均衡，是「權力均衡」一詞的含義。就靜態意義言之，是各獨立政府保持和平共存的一種情況；就動態意義言之，是各獨立政府為保持這種情況所採取的政策。近代如一九二二年華盛頓軍備會議曾對英國、美國、日本、法國、義大利等五個海權國家軍力，做了如下的對比決議：五比五比三比一‧七五比一‧七五。

在中古時代（十五、十六兩個世紀）的義大利各邦及我國春秋戰國時代，也曾是企圖保持權力均衡。但此種構想極易遭受破壞而失衡，舉凡獨裁專制的軍事天才出現、攻

擊性的軍事武器問世、政治或宗教意識型態過度狂熱等因素，都使均衡情況不能維持，和平成爲短暫。

（二）　恐怖均勢

特指第二次世界大戰後的民主與共產對峙過程中。以美蘇爲首的核武競爭雙方都承認其恐懼心，一旦動用毀滅性武器奇襲對方，也難逃對方用地下或海面下的核武報復。於是開始戰略武器限制談判，簽訂核子禁試條約，雙方爲了避免核武的天生危險，保持「最低限度的嚇阻力」，此即恐怖均勢，或恐怖和平。

直到一九九〇年代，共產主義式微，蘇聯解體後，美蘇的恐怖均勢告一段落。此其間除「古巴危機」外，至少保持雙方均勢，使民主與共產兩大陣營沒有發生全面性戰爭，人類可免於遭受核武毀滅的劫難，這不能說不是恐怖均勢的功能。

（三）　中立主義

通常各小國或弱國保持中立狀況，乃爲其國家之存在及安全，他們相信遭到攻擊時，其強大的鄰國會伸出援手，以免遭到戰爭的蹂躪。中立國是否須要建立其國防武力？答

案是肯定的。其軍事力量必須足可保衛國家本身安全及其邊疆之穩定，否則其不戰的希望可能破滅。如一八一五年的瑞士、一八三九年的比利時都是鮮明的例子。

以上所舉都要靠保持武力以達到「不戰」目的，一九四九年以後的臺海局勢是另一種型態的「恐怖均勢」，中共在有形武力方面比我強大是不爭的事實，惟其武力犯臺始終未付諸行動。一方面是我保持強大戰力，足以抵抗入侵，另一方面中共若武力犯臺，必然在軍事與政治上付出慘痛代價，利弊分析結果只好保持「恐怖均勢」。中外戰史證明，想要「不戰而屈人之兵」，只有保持強大戰力一途。

但兩岸的戰爭狀態已經結束，目前為完成國家統一，國軍和共軍要如何合作，防止台獨，相信是廿一世紀之顯學。

永久和平的追求

此處所謂「永久」，很難肯定其時間有多長久，但是很值得追求的目標，縱使目標尚未達成，其中間過渡性的組織，當然也算是人們在永久和平道路上，所做出的重大努力。概述如下：

（一）　國際組織架構之安排

例如使一個國家加入國際性或地域性聯盟，以獲得集體安全之保證，此在當代之國際社會甚爲流行。如北大西洋公約、華沙公約、聯合國等。有時一個國家同時加入數個國際性或區域性組織，可以產生重疊會籍（Overlapping Membership）作用，對於達到較長久的和平效果均大。假如此類型的政治或軍事組織，其運作能得到各方支持，則對地區和平安定得以發展，對邁向永久和平的功能更大。

（二）　普遍宣揚「地球村」理念

由於交通、資訊的發展，人類科技不斷突破時空上的限制，居住於地球上各區域、各種族的人們，溝通交流已極方便。例如非洲某地區有飢荒，地球上各角落的人們便能迅速透過衛星傳播，給與愛心與必要支援。

再者如「環保理念」已能有世界性的共識。凡此對各國相互了解，減少戰爭，達到永久和平有很大功能。

（三）正確認識「世界大同」的眞諦

許多人認爲必須所有國家都實行相同的政治制度，甚至限制在相同的思想或意識型態之下，才稱「世界大同」，這是很大的錯誤。如果能從民主理念來思考，「大的原則同」，容忍「小處的不同」，相信對世界大同會更有信心。

例如：目前世界大致有以下幾種主要的文化型態，英美資本主義（基督教界）、阿拉伯（伊斯蘭教）、非洲（部落信仰）、中國（儒、佛、道、回等信仰）及印度、拉丁美洲等。各種文化及宗教背景，當然有不同的政治制度，不同的制度只是「小異」，而人民能過好日子，各民族都平等有尊嚴，大家都美滿，這便是「大同」了。是故，就此而論，英美強權一直要把「英美式民主」，推向全世界，這是霸權而非民主。

結論

本論文研究戰爭之意義、和平之追求等問題，試擬以下四點爲對「戰爭與和平」戰爭理念之體認。

一、雖然軍人事業在戰場，沒有戰爭便失去最重要的舞台，但相信全世界軍人仍不

願見到戰火焚燒，希望世界永久和平。孫子兵法的「慎戰」原理是我們對「戰爭與和平」的最高指導原則，蓋「兵者，國之大事，死生之地，存亡之道，不可不察也。」亦如先總統蔣公說「對於異族，抵抗其武力，而不施以武力。」又說：「和平未到絕望時期，決不放棄和平；犧牲未到最後關頭，決不輕言犧牲。」中華民族天性重視自衛，反對侵略。

二、凡戰爭要能得到真正之和平，決定戰爭應以「非危不戰」為前提，且戰爭「貴勝不貴久」，並修其功而勿陷於「費留」。

三、戰爭所導至進步與昇華，只是一種「副作用」，不是正常的功能。但國家為抵抗外來侵略（如八年抗戰），為助友邦之義戰（抗美援朝），都是必須一戰，才有和平與尊嚴。戰爭亦能促進國家統一與民主，那畢竟也是下策。例如兩德統一，建立其民主政體亦未透過戰爭手套，未來中國之統一，雖不能完全套用「德國模式」，至少是很有參考價值的。

四、軍人最大的職責是維護和平與追求和平，防止戰爭的發生，是故，軍人也要理解民主政治的基本理念，支持政治家用政治方法解決問題，反對用武力解決爭端，此亦對和平之最大貢獻。（本文原刊：陸軍學術月刊，八十三年元月十六日，三十卷。民國

（一百年再修訂。）

參考書目

一、戰爭之研究，上下冊，三軍大學印，七十一年五月。

二、蕭公權著，中國政治思想史，上冊，聯經出版公司，七十一年版。

三、徐瑜編撰，孫子兵法，時報文化出版公司，七十六年元月十五日，初版。

四、張其昀主編，蔣總統集，三版，國防研究院暨中華大典編印會印，五十七年三月。

五、呂亞力著，政治學方法論，三版，三民書局，七十四年九月。

貳、對「常與變」戰爭理念的詮釋

前　言

「常與變」是戰爭哲學，乃至戰爭科學或戰爭藝術中所經常討論的範疇；所謂「常」，是指變動性少而能形成某種原則或理論者而言，如現代戰爭中武力與國民必須結合，國

防與民生必須合一，是現代國家建立武力之「常」規；所謂「變」，則是指戰爭之創機應災，出奇制勝，「戰勝不復」上「九天」，下「九地」，而敵人不可知，由此贏得戰爭勝利，達到和平。

一、戰爭之常何在？

約米尼（Antoine Henri Jomini, 1779-1869）曾說：「我有資格大膽宣布，憑著二十餘年的經驗，使我深信戰爭確有若干基本原則，若是違反了就一定會發生危險；換而言之，若能善加運用，則幾乎一定可能獲致成功。（註一）

此種基本原則，在我國孫子兵法中有明顯的律定。按現代軍事概念把戰略區分為四個層次：即大戰略、國家戰略、軍事戰略及野戰戰略。（註二）孫子建立的戰略原則如下：

（一）大戰略

在建立並運用同盟力量，爭取同盟目標。

謀攻篇：「上兵伐謀，其次伐交。」

軍事篇：「不知諸侯之謀者，不能豫交。」

九地篇：「不爭天下之交，不養天下之權，信己之私，威加於敵，故其城可拔，其國可毀。」

九變篇：「屈諸侯者以害，役諸侯者以業，趨諸侯者以利。」

大戰略之原則，在對國際形勢的全盤考慮、設計、部署，蓋國際間各國常因利而合，因害而分，故趨利避害是大戰略部署的主要原則。

（二）國家戰略原則

在建立並運用國力，爭取國家目標，此與大戰略銜接，兩者互為表裡，如始計篇內五事中的「道、將、法」三者，便是國力培養之要則；「道者：令民與上同意。」使國民有共同一致之理念；「將者，智、信、仁、勇、嚴。」，是培養將校的標準；「法者，曲制、官道、主用。」，是國家建立，武力所不可少的兵制。

作戰篇：「國之貧於師者遠輸，遠輸則百姓貧，近於師者貴賣，貴賣則百姓財竭……百姓之費，十去其七，公家之費，破車罷馬。」，蓋國家戰略之運用，包含政治、經濟、心理等諸多要素，運用不當，將導致社會失序，通貨膨脹、供需失調，生產力降低、人口大量移動，終至國家淪亡。

（三）　軍事戰略原則

建立並運用三軍之軍事力量，以爭取軍事目標，如軍形篇中：「兵法云：一曰度、二曰量、三曰數、四曰稱、五曰勝；地生度，度生量，量生數，數生稱，稱生勝。」，此爲軍事戰略計畫的五個要素，度是狀況判斷，量是持續戰力的大小，數是敵我相對有形力的數量，稱是敵我相對精神力和物質力的比較，綜合比較前四項，便可先「勝」。

在現代軍事戰略之作業程序上，我國的指參作業與歐美等國雖有細部不同，但此項原則仍爲各國軍事戰略原則所認同。

如兵勢篇中：「兵之所加，如以碬投卵者，虛實是也。」，乃指集中絕對優勢兵力，指向敵之弱點，此爲古今戰爭之常道。

（四）　野戰戰略原則

運用野戰兵力，爭取戰役、會戰或作戰目標，而支持軍事戰略，在孫子兵法中對野戰戰略講得最多，幾乎佔全書一半，而又以地形講的最多。他在「軍爭」、「九變」、「行軍」、「地形」、「九地」篇中分別將「山、水、澤、陸、澗、井、牢、羅、陷、

隙、道、掛、支、隘、險、遠、散、輕、爭、交、衢、重、圮、圍、死」等廿五種地形，分別詳述，可見其非常重視地形之利用。地形可輔助兵力不足，亦可使戰力不能發揮。

此外，「兵之情主速，乘人之不及，由不虞之道，攻其所不戒也。」，是機動原則；「知戰之地，知戰之日，則可千里而會戰。」是對外線作戰原則的提示；「使敵人前後不相及，眾寡不相恃，貴賤不相救，上下不相收，卒離而不集，兵合而不齊。」，是內線作戰原則。

以上所舉是孫子兵法在戰略各階層中所建立的原則，再更簡約言之，孫子的戰爭原理有四：慎戰、先知、先勝、主動。而慎戰是不經易開戰，先知是戰前知己知彼，先勝是不戰而勝，或戰而連勝，主動是致人而不致於人。這便是戰事之「常」自孫子以來兩千多年，東西方的戰爭「常規」變易不大。

二、國軍與共軍戰爭「常規」（原則）之比較

中共於民國三十六年十二月在其黨中央報告中，提出「軍事十大原則」，據以指導其軍事作戰（註三），韓戰時期其人海戰術深受聯軍火海之重創，後為適應現代戰爭之要求，加上韓戰的實戰實證，及數十年之作戰經驗，於民國六十三年元月經「中共中央軍

委會」正式發布，稱「新十大軍事原則」（註三）。

表一所列，第1條是古今作戰之常規，不變之法則。第3、5、6條是優勢作為與殲滅主義；第2、7、9條是提示機動作戰，第4條乃精神戰力之發揮，第8條是先勝之條件，第10條乃指戰俘轉化為己用。

表一：中共「新十大軍事原則」

項次	內　容
1.	保存自己，消滅敵人」為一切戰役戰術總方術。
2.	敵強我弱打游擊戰，條件有利打運動戰。
3.	殲滅敵有生力量為主，不以奪城奪地為目標。
4.	部隊要有一往無前，連續作戰的精神。
5.	集中優勢兵力，各個殲滅敵人。
6.	傷其十指不如斷其一指，力求全殲，不做漏網。
7.	快打速戰，以便迅速轉移兵力，殲滅其他敵人。
8.	不打沒把握的仗，不輕易打，打則必勝。
9.	先打弱小孤立之敵，後打堅強集中之敵。
10.	優待俘虜，瓦解敵人。

表二：中共與我戰爭原則比較表

項次	我戰爭十大原則	中共戰爭十大原則
1.	目標原則與重點	目標：主在殲滅敵人有生力量
2.	主動原則與彈性	主動：迫敵追隨己方意志
3.	攻勢原則與準備	攻勢：殲敵主要手段，以求全殲
4.	組織原則與職責	殲滅：逐次殲滅或小型殲滅
5.	統一原則與合作	協同：兵軍種協同一致
6.	集中原則與節約	集中：形成局部優勢，企圖決戰
7.	機體原則與速度	變化：戰術靈活，行動自由
8.	奇襲原則與欺敵	奇襲：秘密神速，出敵不意而決戰
9.	安全原則與情報	速度：不休息接連打幾個戰
10.	士氣原則與紀律	士氣：戰爭勝負決定性因素

本表指共軍之軍事原則，而在戰爭原則上，並無明顯具體之敘述，依其軍事原則與戰略戰術思想之運用，研判共軍十項戰爭原則，並與我戰爭十大原則比較，如表二（註三），比較二者，除第 4、7、9 項不同外，餘皆相同。我為「組織、機動、安全」，共軍為「殲滅、變化、連戰」。本論文所研究戰爭之「常」中，自孫子的戰略原則與戰爭四個原理，到中共戰爭十項原則與我戰爭十大原則，詳加研判觀察，在軍事戰略和野

戰戰略之層面上可謂概同，這也證明了戰爭之「常」即戰爭原則是可以建立的。最大之不同，在「慎戰」思想。孫子認為「兵者，國之大事，死生之地，存亡之道，不可不察也。」所以要慎戰。因為「亡國不可以復存，死者不可以復生」，所以要慎戰。因為伐兵攻城都將造成「殺士卒三分之一，而城不拔者。」所以要「上兵伐謀，其次伐交」，達「不戰而屈人之兵」的意境。這是以「仁道」思想為出發點，以愛惜民命為考量所建立的戰爭哲學。「慎戰」可謂孫子兵法的第一原理。

三、戰爭之變因何在？

（一）時間因素

「變」是常的相對概念，從變的概念來觀察戰爭，便足以推翻一切戰爭原則。到底變因何在？吾人試從時間、空間、量變、性質及其他因素來加以探討。

孟子早有一治一亂之說，吾人觀察中國近二千多年的治亂循環，此誠為卓見。（註五）他又有五百年為一治亂循環之史實觀察，「五百年必有王者者興，其間必有名世者。」（註五），孟子明言一治一亂，為一整齊固定之週期運動，言下之意戰爭乃固定在某一

週期內會發生，此雖未全合歷史事實，應視為重大之警惕。學者研究西洋戰史，發現約每五十年爆發一次大戰，其原因是兩代之演進不同而造成，勇士們討厭戰事，促使他們的兒子反對戰爭，而他們的孫子所受的教育是戰爭富有浪漫氣氛。（註四）此種預測雖不能證明五十年內肯定有一大型戰爭要發生，但至少說明了時間使人成長，也使人老；使一個民族或國家發展，也使她衰老。老了須要新生，這個過程的變數極多。

（二）空間因素

就空間區域來觀察，人種複雜的地方易有戰爭，如中東地區。各大國地理位置接合地點，亦是會戰集中地方，如德、法交界處的亞爾薩斯──洛林（Alsace-Lorrain）地帶、奧、俄及土耳其三國交界的北巴爾幹。新國家誕生處，如十九、二十世紀的亞、非中南美洲等地區，更是戰禍連年。空間複雜，使戰爭變因增加。

（三）量變因素

量變之趨向，是朝向多元與增加，包含兵力、火力、武器、裝備及一切可供戰爭運用之物質。在十九世紀末期，世界八大強國軍隊數量平均為五十萬人，第一次世界大戰

爆發前之各國兵力平均增兵十萬。到一九三七年，全世界常備兵約八百萬人，完成訓練的後備部隊高達三千萬人。兵力、火力之增加更不可估計。

到了晚近以來，各國講求總體戰，與全國動員能量之提昇，因量變所造成的戰爭變數必然大增。自東西兩德統一及蘇聯解體後，共產主義已然式微，東西方和解，各國裁軍再成為目前趨勢，惟區域衝突增加，其量變雖趨向減少，但可能更為多元。

（四）各種不同性質之因素

如政治因素，政客喜歡利用戰爭來維持地位。又有經濟因素，十九、二十世紀殖民地許多戰爭，均為爭奪經濟利益。其他如因民族、宗教、意識型態、文化等因素引起的戰爭，在人類生長的舞台上，未曾有過休止符。

以上所舉各項因素，其本身便有很大變數，各個因素之間造成相乘積，其變數可能是無窮的。

四、孫子兵法論「變」

孫子兵法對於「變」道之論，以九變篇最為傳神。所謂「九變」，明代張居正曰：

「九者，數之極，變者，兵之用。』（註六）可見用兵以奇才是制勝之道。王陽明先生則曰：『九者，數之極，變者，兵之用，不拘常法，臨事遇變，從宜而行之謂也。

即變成「途有所不由，軍有所不擊，城有所不攻，地有所不爭，君命有所不受。」是在某種狀況下，所必須推翻一切常情常理常規者，就「常」而言，「行軍由途，敵軍可擊，必攻之城，必爭之地，君命當受」，此皆當然之事理。但當某種「狀況」發生，

此種用兵上造成一百八十度之大轉變的依據何在？狀況判斷之依據又何在？地形篇有答案。孫子說：「戰道必勝，主曰：無戰，必戰可也。戰道不勝，主曰：必戰，無戰可也。故進不求名，退不避罪，唯民是保，而利於主，國之寶也。」，約而言之，變與不變的考慮，端在「戰道必勝」、「唯民是保」、「而利於主」的三個標準上。

變術對地形、治兵、用兵產生絕對性之影響，孫子詳加闡釋。「將通于九變之利者，知用兵矣，將不通于九變之利者，雖知地形，不能得地之利矣，治兵不知九變之術，雖知地利，不能得人之用矣。」，此指出一個戰場指揮官必須通權達變之重要性，不知變術之用，雖佔地形要點也不能得地利，縱使佔盡地形之利，也不能得有用之兵力，實務獲得戰爭之勝利。

孫子兵法其他各篇中論「變」之處亦多。如兵勢篇言五味之變、五色之變、五聲之

變，必奇正用兵，奇正互相變化，才能如日月江河一般，永無止境。虛實篇曰：「戰勝不復，而應形於無窮。」，更是古今兵家用兵之法門，此種能因敵之變化而取勝者，孫子名之曰：「神」。

五、結　論

本論文戰爭的「常」、「變」之道研究，吾人可以確認戰爭之常道是可以建立的，而戰爭之變數亦是無窮盡的，二者的平衡點在那裡呢？用以下五點體認提供參考：

(一)戰爭之「原則」並未經充分的實證，其可變性甚大。縱使「定律」或「理論」，仍然可以經由「重建假設」→「實驗觀察」→「求證」→推翻錯誤的定律→成立新的定律。何況「原則」？

(二)「常」可守，不可固守。蓋固守於某一常道，必拘泥於形式法則而欠靈活變化；而戰爭原則亦須理解領悟，先能知，才有可用，若不知，則無可變。

(三)「變」可變，不可亂變。首應知變，變常會出現在「空間的接合部，時間的運接點，人的連結處，狀況之改變時」。故先知變，才能準備應變，進而制變與用變。

(四)「常」與「變」並非兩個各自的獨立體，二者實有相互消長之關係，成相互循環

之狀態，有互補作用，更是利害一致。在戰爭中必奇正常變互用，乃能取勝。

㈤人生即戰場。在任何人生所面對的領域中，除用兵作戰外，餘如求學讀書、婚姻生活、接物交友，乃至出世入世等，同樣要面臨常與變的問題。如何守常應變，而達全勝，應為最高目標與原則。（本文原刊：陸軍學術月刊，八十二年八月十六日，二十九卷。民國一百年春再修訂。）

註　釋：

註一：戰爭藝術，三軍大學印，序第三頁，民國七十三年八月。

註二：孫子兵法，八十八頁，時報文化出版公司，民國七十六年一月十五日。

註三：中共陸軍編裝及戰術第二輯，陸軍戰術之部，十三頁，三軍大學印，六十四年七月版。

註四：戰爭之研究，上冊，第二、四章，三軍大學譯印，民國七十一年五月。

註五：中國政治思想史，上冊，第一篇，第三章，第四節，蕭公權著，臺北市聯經出版公司，民國七十一年版。

註六：孫子今註今譯，第四篇，第八節，魏汝霖註譯，臺灣商務印書館，民國七十六年

四月修訂三版。欲詳知中國兵法之妙，可參閱作者另著，中國四大兵法家新詮，

台北：時英出版社，二〇〇六年九月。

參、近代極激宗教運動與國家

「國家整合」（National Integration）是把文化及社會中分離不相屬的部分，納入單一的疆域，並建立起國家認同的過程，其事關萬端，困難重重，常是經歷數百年的整合而未果，甚至國家造成爭戰、動亂、分裂，於是亡國，能不慎乎！

國家整合的基本困境不外：種族主義的困擾、多元性語言障礙、地域觀念之衝突、歧視性的社會階級與歧異的宗教信仰等五項，本文僅針對宗教一項申論之。蓋因冷戰結束後，宗教又再度成為各族群間新的意識形態，各國陷於紛擾不安，舉凡波士尼亞內戰，以巴對抗、各地的恐怖攻擊、局部衝突和分離主義都和宗教有關係。宗教真的成為國家整合和國家認同的障礙嗎？還是國家安全的新威脅？極端與激進宗教運動是在分裂國家嗎？還是被政治迫害「逼」出來的？

一、何謂「宗教」（Religion）

宗教起源於神話，偏重信仰（Faith），依據文化人類學（Cultural Anthropology）的解析，宗教是人類在所有時空中創造出來不可見的實體世界（A World of Unseen Entities），幫助人們解釋世界是如何產生的，人類和自然物種（Natural Species）及自然力是如何發生關係的。因而宗教可以形成某種型態的控制力，維持人群的社會道德與秩序，亦能增強人生有限的能力，提高安全感、歸屬感和生命的意義。宗教對國家整合才形成一股潛在而不可忽視的潛力，此種潛力，有時和文化又是一體的，例如中華文化、印度文化等，即「孵」出了不同「神」觀。

但是，不同的神觀，也將使宗教對國家整合產生不同的影響力。當我們在討論宗教經驗、信仰與價值時，都必須涉及「神」的觀念，神學（Theology）即成為宗教本身的一種信仰理論或教理根據，例如下列分辨：

一、有神論（Theism）：主張神（上帝或其他稱謂）是萬有的造物主，神是全知、全能、全在的，有神論還區分多種派別，如一神論（猶太教、回教、基督教）、二神論（拜火教）、多神論（印度教、佛教、中國民間信仰）等。

二、無神論（**Atheism**）：宇宙世間無神，或有神也是人創造出來的，故中國人說「封神」榜。中國民間信仰也常被歸人「無神論」，因為中國的神是人創造的。

神觀之影響基本教理、教義及信仰理論，宗教乃對國家整合有決定性的影響力。西方各教派堅持「神創造人」，堅持自己信仰宗教的真理性，因而發生許多宗教戰爭，西元六世紀到十六世紀曾有長達一千多年的政教紛爭，犧牲許多生命，許多政權也因而分合興亡，但中國人普遍認為並非「神創造人」，而是「人封神」，所以歷史上除魏晉南北朝有因佛教起爭端外，並不因「神」或「宗教」而有衝突，更沒有所謂「宗教戰爭」。宗教在中國的國家整合過程中並沒有形成障礙，反而成為凝結中華民族團結的推手。唐代以後的「三教合一」，經一千多年的融合，現在大家才有「中華文化三要素：儒、佛、道」的共識。目前世界上固守主要宗教傳統的人口百分比如「表一」。（註一）

政治學大師 Samuel P. Huntington 在「文明衝突與世界秩序的重建」研究顯示，在快速現代化社會，如果傳統的宗教無法適應現代化要求，則西方基督教和回教便有擴張的潛力。回教人口成長也將高過基督教，到公元二〇二五年達世界人口百分之三十。

二、宗教對新興國家「國家整合」的影響

在新興國家，宗教信仰仍然與一般人民生活密不可分，且與政治權力的變遷有相當程度的關係，大致上可分兩種情形。

（一）同一國之內存在許多具有相互排斥的宗教

有此類情形的國家很多，如美國、中國、印度、前蘇聯及今俄羅斯，均分別對國家整合與國家安全造成各種不同程度的影響，舉印度為例如「表二」說明。

印度的宗教結構有印度教、回教、基督教、錫克教、佛教、耆那教等，其中為數最多的是印度教。因各教派存在太多差異及排斥，自然在政治權力和政治利益都形成「非整合」狀態，政教衝突的結果是帶來不安、動亂與戰爭。直到二十世紀的九○年代，仍經常有大規模暴

年 宗教	1900	1970	1980	1985 (估計值)	2000 (估計值)
1.西方基督教	26.9	30.6	30.0	29.7	29.9
2.正統基督教	7.5	3.1	2.8	2.7	2.4
3.回教	12.4	15.3	16.5	17.1	19.2
4.無宗教信仰	0.2	15.0	16.4	16.9	17.1
5.印度教	12.5	12.8	13.3	13.5	13.7
6.佛教	7.8	6.4	6.3	6.2	5.7
7.中國民間信仰	23.5	5.9	4.5	3.9	2.5
8.部落的宗教	6.6	2.4	2.1	1.9	1.6
9.無神論	0.0	4.6	4.5	4.4	4.2

來源：David B. brrett. ed. World Christian Encyclopedia: A comparative study of churches and religions in the modern world A.D. 1900-2000 （Oxford : Oxford University Press. 1982）

表一：固守主要宗教傳統的世界人口百分比

動、暗殺，實在是國家整合難以突破的困境。

（註二）印度政局始終不安、經濟落後、貧窮、實與宗教最有關係。印度文化以宗教爲主體，非社會倫理、政治經濟、律法風俗、文學藝術，莫不爲宗教精神貫穿和統攝。特別是基於印度教義所劃分的階級制度（Caste system），把人分成四個等級：

（一）婆羅門（Brahman）…僧侶、經師階級。

（二）刹帝利（Kshatriya）…王室、官吏、軍人。

（三）吠舍（Vaisya）…農、商、平民。

（四）首陀（Sudra）…皂隸、下等賤民。

印度社會目前仍有約三千種不同的「卡斯特」（Caste），每一個都有呆板固定的世襲職業，人種等級的區分到了進入二十一世紀的今天，依然牢不可破，形成政治和法律上的不平等。（註三）

宗教 Religion	人數（Number） 百萬（Millions）	總人口中百分比 （Percent of Total Population）
印度教 （Hindu）	453.4	82.72%
回教 （Muslim）	61.4	11.2%
基督教 （Christian）	14.2	2.6%
錫克教 （Sikh）	10.4	1.89%
佛教 （Buddist）	3.8	0.71%
耆那教 （Jain）	2.6	0.48%
其他 （others）	2.2	0.40%

表二：印度的宗教結構

（二）無政治因素而宗教本身產生分裂

新興國家的宗教信仰，有時候沒有政治權力鬥爭的因素介入，而是宗教本身的分裂，導致國家整合的困難，如「表三」（註三），有些國家雖有兩個以上的主要教派，但仍然可能產生分裂或未分裂的兩種狀況，有些國家如巴基斯坦、伊拉克、敘利亞、葉門、比利亞、馬達加斯加等國，國內並無兩個以上教派相抗衡，但其教內產生的分裂現象，仍然給她們的國家帶來整合危機。可見宗教意識形態的分歧，固然不利於國家的整合，同一宗教內部相互不妥協的權力鬥爭，也對國家整合產生障礙，或為國家帶來內部動亂，威脅國家安全與社會安定。

表三：新興國家多元宗教與衝突之狀況

＋表示有　一表示無

	國家	兩個以上宗教	主要宗教內有分裂狀況
亞洲	緬甸	+	-
	中共	+	-
	印度	+	+
	印尼	+	+
	伊朗	+	-
	馬來西亞	+	-
	尼泊爾	+	-
	巴基斯坦	-	+
	菲律賓	+	-
	斯里蘭卡	+	+
	泰國	+	-
中東	伊拉克	-	+
	黎巴嫩	+	-
	敘利亞	-	+
	葉門	-	+
非洲	喀麥隆	+	-
	查德	+	-
	續荷其	+	-
	依索區亞	+	-
	迦那	+	-
	幾內亞	+	-
	象牙海岸	-	-
	肯亞	+	-
	賴比瑞亞	+	+
	利比亞	-	+
	馬達加斯加	-	+
	馬拉威	+	-
	奈及利亞	+	+
	塞內加爾	+	-
	獅子山	+	-
	南非	-	+
	蘇丹	+	+
	坦桑尼亞	+	-
	多哥	+	+
	烏干達	+	+
	阿聯大公國	+	-
	上伏塔	+	-

三、極端回教與目前世界各國動亂

目前世界上的極端回教國家（美國的認定），都已被美國稱為「革命輸出國」，如美國國務院列名的支持恐怖活動國家：伊朗、伊拉克、利比亞、敘利亞、蘇丹、北韓、古巴等，事實上，整個回教世界依其暴力程度可概分三類：

(一)溫和保守派：巴林、阿曼、沙烏地阿拉伯。

(二)親西方國家：土耳其、埃及、摩洛哥。（美國雖佔領伊拉克，伊人仍反美。）

(三)極端回教國家：伊朗、伊拉克、阿爾及利亞、蘇丹。

這三類以極端回教國家的暴力程度最高，在世界上許多地方製造恐怖活動，對國家安全、社會安定，甚定國家整合的衝擊最嚴重，在極端回教國家中，最恐怖也最占上風的是「回教基本教義派」，目前正在擴張勢力，而其中最有名的是公元二千年創下「九一一事件」，老美為此發動阿富汗戰爭的「蓋達」組織，領導人是賓拉登，出版界已有許多研究，尚有下列組織。

(一)哈瑪斯（HAMAS）：一九八七年成立於迦薩走廊，全名是「回教抵抗運動」，其相關團體是「回教聖戰組織」，該組織活動範圍在成員來自埃及的「回教兄弟會」，

以色列及占領區，經費來自伊朗幕後支持。哈瑪斯主張消滅以色列，建立橫跨地中海到約旦河的回教國家，揚言報復英國人和猶太復國主義，仇視美國，並且不承認以色列與巴解在一九九三年達成的自治協定。

(二)回教救國陣線（FIS）：阿爾及利亞最大的在野黨，於一九九一年的全國初選獲壓倒性勝利，但阿國政府隨即宣布取消大選，回教救國陣線憤而轉入地下，從事恐怖活動，主席馬達尼揭示：「沒有典章，沒有憲法，只有可蘭經」。（註五）特別仇視法國人，認爲法國支持政府軍，該陣線相關團體有二：

回教救國軍：專攻擊政府軍。

武裝回教團體（GIA）：暗殺阿國境內外國人。

回教救國陣線力斥西方國家道德沒落，認爲一切都要回歸可蘭經的教義規範內，否則就是叛徒。

在整個回教世界中，基本教義派並不一定存在極端回教國家，親西方及其他國家也有基本教義派。

(一)蘇丹：屬回教正統派，親伊朗，接受伊朗資助訓練回教革命狂熱分子，亦庇護巴勒斯坦激進團體。

(二)伊朗：回教什葉派，屬回教非正統，以回教革命基地自居，是主要的革命輸出國。

(三)黎巴嫩：回教真主黨。什葉派居多，由伊朗和敘利亞支持，主張從地中海岸到敘利亞成立回教國家。

(四)埃及：伊斯蘭團體，反對親西方政策，欲推翻總統穆巴拉克的親西方政府，建立純回教國家。（二〇一一年夏穆巴拉克已被推翻，未來變數多。）

蘇丹回教營領導人曾說，西方國家對回教的恐懼更甚於共產主義的恐懼，因為西方只知應付物質的挑戰，卻不知如何應付精神挑戰。（註六）這個說法頗有一些道理，回教激進分子在歐美各地製造恐怖攻擊，如紐約世貿中心大爆炸、法航劫機、巴黎地下鐵及凱旋門爆炸案，已讓西方各國「國國自危」。

若從更高更早的歷史視野探索，可以說是回教世界和基督世界的「千年鬥爭」，是兩個神（阿拉、天主）的對決，而人類只是在打「代理戰爭」。不幸的是，近三百年來，基督世界因工業革命而富強，創造了「西方資本主義」巨獸，回教世界面臨被壓迫，被「和平演變」的命運，只好起來反抗。恐怖主義是「弱勢者」與「強勢者」對決，唯一可用，且最厲害的武器，阿拉的子民用的越來越純熟了。

四、回教的血腥邊界與原因探討

從一九七〇年代「回教復興」（Islamic Resurgencer）運動以來，（註七）全球風起雲湧，回教徒已達世界總人口五分之一。但回教也在許多國家、地區及非回教團體間，造成更多衝突動亂，如波士比亞、俄羅斯、土耳其等，莫不為回教與其他教派存在高度敵意而引燃戰火，以下從經驗觀察和原因探討分述之。

（一）回教徒暴力衝突的經驗觀察

經驗觀察的目的是要獲取證據，進而解釋現象，回教徒在回教國家及其他國家與地區，所發生的衝突可做如下觀察。

㈠在一九九三到一九九四年間的五十場種族衝突中，回教徒捲入二十六場，其中十五場是回教徒和非回教徒之間，回教徒的衝突，是完全非回教徒的三倍。

㈡在一九九二年發生的二十九戰爭，在十二場文明內部衝突中，有九場是發生於回教徒和非回教徒之間，證明當代回教文明比其他文明有更多戰爭。

㈢統計一九二八年到一九七九年間，回教國家的一四二次危機，有七十六次訴諸暴

力。

㈣比較各國處理危機時訴諸暴力的程度，回教國家是百分之五三點五，英國百分之一點五，美國百分之一七點九，前蘇聯百分之二八點五，顯示回教的暴力程度甚高。

（二）回教徒暴力傾向的可能原因

要評估歷史上不同文明的暴力傾向，很難做的客觀合理，西方在長達一千年的政教之爭，基督徒也曾大量殘殺基督徒、其他民族及異教徒。那麼，現在我們如何解釋回教徒這種高暴力傾向呢！除了是對西方霸權侵略的反制外，只能說是一種可能原因。

㈠回教是「劍的宗教」，崇尚武力，有高程度的窮兵黷武傾向，如「表四」所示。（註九）穆罕默德本人身後有「無情戰士」、「軍事指揮官」之名，回教教義對非信徒主張發動聖戰。

	平均軍力比	平均軍力指數
回教國家(n＝25)	11.8	17.7
其他國家(n＝112)	7.1	12.3
基督教國家(n＝57)	5.8	8.2
其他國家(n＝80)	9.5	16.9

來源：James L. Payne. Why Nations ARM (Oxford: Basil Blackwell, 1989), pp. 125, 138-139. 在那些回教徒與基督教徒國家中，有80％以上的人口信守著明確的宗教。

表四：回教國家和基督教國家的軍力比及軍力指數

㈡回教政教合一，並和其他宗教劃清界線，結果其他各種教派想和回教共存都很困難，例如華人在世界各地與各種教派相處都能適應或同化，唯獨與回教（如印尼、馬來西亞）共處，都常發生排華暴動及暴力事件。

㈢回教國家的解釋是，在十九、二十世紀西方帝國主義擴張，許多回教國家都是被壓迫者，受到打壓的族群，但這卻不能解釋蘇丹、埃及、伊朗及印尼等國家回教多數和非回教少數間的衝突。

㈣政治學家 Samuel P. Untington 認爲，回教是世界各國不安的源頭，因爲它缺乏一個主導的中心，這當然是站在美國利益說話。各回教國家都在回教世界競逐響影力，都希望出線成爲回教領袖，卻也沒有任何權威可以出來解決衝突。

㈤回教年輕人在回教復興中也舉足輕重。如「圖一」所示，自一九七〇年代開始回教國家年輕數量呈

圖一：15 到 24 歲年輕人占總人口比率。

高峰膨脹的態勢，比其他國家高出很多，年輕人是搞抗議運動、製造動亂衝突及投入革命行列的主力。

(六)從工業革命後這三百歷史看，英、美資本主義國家（即基督世界含天主教），因科學進步，而強大，在叢林法則下，回教世界成為弱勢者。自然面臨壓迫，甚至產生存在的危機。弱者為求生存，當然要全力反擊，暴力成為必須選項。

五、普世基督教界的激進宗教運動

「基督教界」（Christendom）是一個涵蓋各基督教會的概括性名詞，一九四八年「普世基督教教會協會」（World Council of Cheurches）成立時，曾規定會員教會儘量擴張範圍，入會基礎即「承認耶穌基督為上帝與救主」。因此「基督教界」的範圍包括東正教會、羅馬天主教會、信義宗教會、改革教會、浸信會等，「激進宗教運動」（Radical Religious Movement）為近世的一項全球性宗教入世運動，基督教界受到激烈影響，激進宗教狂熱成為基督教各教會的普遍現象。

追究事情的本源，近世的激進宗教運動為近代人文主義（Humanism）的延長和投射。人文主義的特質在強調人性建設的可能，肯定人性的價值，確認人與自然的二元論，推

行現世社會改善的必然性和必要性，其對基督教界的啟示，便是將屬靈的關切轉向屬世的關心，這一弔詭性的倒置便產生了「批判性的反省」，從被泛稱「解放神學」（Theology of Liberation）或「革命神學」（Theology of Revolution），大量神職人員及教徒大舉從事政治社會運動，在整個運動中受到教宗的支持，而以起源於東歐的「基督徒與馬克思主義者對話」，及拉丁美洲「解放神學」的兩個運動最重要。

（一）教宗聖若望廿三和保祿六世的教諭

宗教入世運動的開展，最具革命性轉變的，便是這兩位教宗相繼的兩大教諭：一九六三年「在地上的和平」（Peace in Terris）和「人民的進步」（populorum progressio），這兩大教諭成為宗教入世運動的指導綱領。

「在地上的和平」教諭為近代天主教人文主義的時代性教諭，若望廿三世呼籲和基督教各教會相互合作，甚至與馬克思主義信徒對話，共同創造理想社會，這個教諭也積極倡導社會應致力於正義、平等、自由的實現。

「人民的進步」教諭，在本質上是「在地上的和平」的闡揚與延續，進一步的鼓動「富人是窮人的竊賊」觀點，此教諭一出，華爾街日報的反應是「馬克思主義復活了！」

（註十）　俄共領導人赫魯雪夫則表示歡迎。

（二）　「基督徒和馬克思主義者的對話」運動

這是一個複雜的激進神學運動，雙方各有其客觀因素，在共產國家方面因不能清除「人民的鴉片煙」——「宗教」，教徒的抵抗日益高漲，共黨被迫必須與教徒妥協，以獲取支持。西方國家眼見近半個地球被赤化，不得不和解與妥協——承認事實的存在，梵蒂岡乃在一九六一、一九六三、一九六七年，三次發表教皇教諭，主張地上和平、反戰、反資本主義等，基督徒和馬克思主義者的對話乃成為一九六○年代前後的社會瘋狂運動。

更激進的觀點，雙方（基督教和馬克思信徒）還追本溯源，認為耶穌和馬克思之間有「先知性的聯繫」，共產主義是早期的「世俗基督教」，應該結束往昔的「兄弟鬩牆」（Fratricial War），使得雙方「互相豐富」（Mutual Enrichment）起來，在西方世界，特別是知識青年、工人、學生、黑人，對馬克思的狂熱在一九六八年達到頂點，社會運動演變成暴行、革命、顛覆現政權運動‧馬庫色（Herbert Marcuse）、阿多諾（Theodor Adorno）等人，都是這一波運動的理論家與指導者。（註十一）

（三）第三世界與拉丁美洲的「解放神學」運動

在這些地區，整個一九六〇年代中後期及七〇年代前期，激進宗教與馬克思主義結合成的左翼運動，真可謂澎湃洶湧，特別是拉丁美洲有百分之九十五天主教徒，使得羅馬天主教在拉丁美洲是凌駕一切之上的唯一勢力。由教會支持、掩護、推動的革命運動和反抗運動真是不勝枚舉。

「解放神學」的要義是把教會視為「批判機構」（Institution of Criticism），「抗議踐踏人性尊嚴，為眾多人民被凌辱而鬥爭，把人間的愛解放出來，建立人間成為上帝的國」是所揭櫫的神聖目標。

總的來說，激進宗教運動到一九七〇年代後期開始退潮，回首前塵，那到底是國際共黨的陰謀策動，還是基督教界的發展策略呢？至今仍是一個充滿弔詭性（Paradox）的問題，勿論是非，這一波激進宗教運動（回教與基督教界）對中國也好，對台灣也好，產生強烈的衝擊則屬必然。

六、激進宗教運動對中國當代國家認同的衝擊

當近世激進、極端宗教運動，以自由、解放、正義或建立理想國度之名，介入各國政經社會運動時，衝擊力可能超越國家安全、國家認同之範疇，而達到國家版圖重新解組與整合，對中國的衝擊同樣是巨大的。此處試從對國家認同概述之。換言之，中國之國家整合尚待努力，至少還要數十年整合工夫。

「統一的中國」思想從周朝初年形成，到戰國時代孟子建立「中國統一思想」的理論基礎，秦漢後中國便是統一的國家，這個理念在歷史上垂二千餘年而未動搖。近代中國積弱不振，帝國主義入侵，才產生國家認同問題，至今仍處分裂狀態，也許有無數複雜因素糾纏著。但把宗教這項因素單獨抽離觀察，區分大陸地區和台灣地區兩處，激進宗教運動對中國當代國家認同的衝擊，仍然造成極大的困境。

（一）大陸地區激進宗教運動對國家認同的衝擊

在大陸地區激進宗教運動比較活躍地區是新疆和西藏，且分離主義意識高漲，都對中國的國家認同進行嚴厲挑釁。這表示，中國的國家整合是未完成的。

新疆的分離主義始自大陸時期，但那並非宗教因素，而是蘇聯策動。（註十二）但現在宗教已是主要因素，極端的「回教泛伊斯蘭主義」與回教世界的「聖戰」遙相呼應，目前已是新疆分離主義的主要精神力量，為獨立建國發動許多流血暴動，如一九六二年伊犁暴動、一九八〇年代喀什兩次暴動、一九九七年伊寧大暴動，都因回漢關係或宗教因素引暴。（註十三）但畢竟，漢滿蒙回藏是中國重要組成份子，中國有能力解決這問題。

對付新疆的分離主義，特別是「人民的鴉片煙——宗教」絕無妥協，一九九〇年三月十一日「新疆日報」公布的「六點行動方案」中，就強調「黨絕對在宗教之上」。

有關回教必須接受嚴格規範，是故每次暴動中共都採嚴厲鎮壓、集體審判及快速處決政策，一九九七年二月伊寧暴動，中共就處決了百名回族分離主義分子。（註十四）新疆獨立運動半個世紀以來越演越烈，因素多而糾結不清，惟極端回教的「世界革命」政策是難以應付的外環境，光是鎮壓，處決是不行的。

八十六年三月流亡的西藏政教領袖、第十四世達賴喇嘛，接受中國佛教會理事長淨心長老邀請，來台訪問六天。訪台期間達賴多次表示「主張自治，不主張獨立」，西方及某些台灣用陰謀理論解釋，認為他仍扮演藏獨的「白手套」角色，中共則解讀為「台

獨與藏獨」的合流（註十五）各方認知差距太大，而西藏境內人民為維護傳統宗教信仰，抗暴動也始終沒有停止。西藏是政教合一的社會，表示政治與宗教都是藏人所堅持的，如何能不危及國家認同正考驗漢藏人的智慧，外界也在由此觀察中共改革開放的程度與方向。但無論如何！國家絕對不允許造成分裂，中國必須維持統一狀態。

隨著改革開放，中國的繁榮崛起，進入廿一世紀，西藏和新疆的分離主義已經降溫，加上西藏鐵路的通車，相信都有利於國家的整合和統一。畢竟回教在中國有久遠的歷史，也有很多信眾，因為中華文化儒家文明的關係，伊斯蘭也會變得溫和而有包容力。

（二）台灣地區激進宗教運動對國家認同的衝擊

外來宗教各教派對「中華民國在台灣」產生國家認同問題，最嚴重的是前述的「基督教界」（含解放神學），在台灣以「台灣基督教長老教會」（以下簡稱長老會亦是台獨大本營）最激進。（註十六）以下是長老會近數十年來的「解放運動」。

民國六十年底，我國退出聯合國，長老會（高俊明主持發表宣言，主張「人民有權決定他們自己的命運」。民國六十一年初，四位長老會牧師到美國成立「台灣人民自決運動」，此即後來的「自決派台獨」，此四人當時神職如表五。

表五　「自決派台獨」神職人員

姓名	曾任神職
黃彰輝	長老會總會會長、台南神學院院長、「普世教協」神學基金會主席。
黃武東	長老會總會議長、總幹事。
宋泉盛	台南神學院院長。普世教協信仰與教訓委員會副主任。
林宗義	教徒、牧師。

　　民國六十六年八月，高俊明等人發表「台灣基督教長老教會人權宣言」，主張「使台灣成為新而獨立的國家」。（所以，長老教會不是宗教團體，是台獨組織。）

　　長老會對後來的「高雄事件」和「中壢事件」也都積極介入，並未隨西方激進宗教退潮而中止活動，台灣地區解嚴後，長老會反而有更大活動空間，最近的活動是在美國當選「世界歸正教會聯盟」主席的宋泉盛（與表五同），於民國八十六年十月二十三日回台會晤李登輝先生要求公民投票展現台灣人自決精神，但李先生認為現在族群和諧最重要，實施公民投票並非最好時機。（註十七）

二○○六年秋，施明德發起「倒扁運動」，百萬人響應，要推翻貪污腐敗的陳水扁貪腐政權。此刻高俊明仍說，倒扁會給國家帶來不安全，可見這些長老會成員多麼護著貪腐政權。這些人左一句上帝，口說「貪財是萬惡之源」，卻說一套做一套，抓著貪腐政府吃香喝辣。他們殊不知貪污腐敗不僅失去統治合法性，也會導致國家衰亡，滿清不是如此嗎？

所以，很可惜的，台灣基督教長老教會，因李登輝、高俊明等這些投機份子，已成為一個極激進教派，支持分離主義和貪污腐敗的教派，他們為社會帶來動亂分裂，其成員應設法和李高等人切割，深刻反省。除長老教會外，像「台灣教授協會」、自由時報群，都是台獨組織，台灣之亂源！

當人類邁向二十一世紀文明，總覺得人類文明是不是在輪迴中，又要向前回到中古時代，宗教不是再度走上國際舞台的中央嗎？在東歐，尤其波蘭，教會勇敢的站在第一線與共產政權對抗，成為左右全局的力量。梵蒂岡就認為，整個東歐的變革都是由教宗若望保祿二世所帶動。然而，教宗也在呼籲建議「歐洲基督化」（Christian Europe）。如果歐洲真的基督化，則歐洲的一千多萬回教徒及少數族群教派怎麼辦？至少回教基本教義派也在構想把歐洲伊斯蘭化。到時難到再透過一場宗教戰爭來決定「市場」或地盤

嗎？這恐怕是難以避免，更大的戰火還在後面呢？

另一個實例，伊朗精神領袖何梅尼因「魔鬼詩篇」違反可蘭經教義，通令全世界回教徒追殺作者魯西迪，何梅尼真正的本意在說：「主權獨立」的國家，不再是主權獨立的國家，所謂的「國家」都是臣屬於他的教派之下，他的確回到中古時代，強調教權高於政權。若政教之爭再起，我們豈非永無寧日！

七、結論：向儒家文化取經

「大未來」一書的作者 Alvin Toffler 看準人類的大未來：我們正在用我們的新知識，顛覆我們這個世界，準備創造一個新文明。（註十八）明日文明必然更好，讓全人類活的更好，否則如何曰「新」乎？是故，諸種排他性宗教必須學習共存與尊重，降低對國家的安全威脅，減少對國家的認同問題，應有利於國家之整合。必竟「凱撒的歸凱撒，上帝的歸上帝」，誠如台北地方法院對「宋七力案」的判決，是「審叛犯罪，不是審叛宗教」，藉神蹟歛財，就是犯罪。（註十九）同理政教分離，各教共存，相互尊重，人類才有大未來，使宗教戰爭永成歷史。（註二十）

本文比較了「阿拉世界」和「基督世界」，發現這兩個人類社群文明（也是兩個絕

對唯一的神：阿拉和基督，其實我很不願這樣講，因為錯不在神，真正犯錯的是我們「人」啊！）陷入了永無休止的相互毀滅鬥爭，雙方都認為自己是「唯一真理」，對方是魔鬼，但責任較大的一方，吾人認為是英美這些資本主義國家，企圖利用本身的強大，對阿拉伯世界進行「和平演變」，甚至利用「武力演變」（如入侵阿富汗、伊拉克）。而二〇〇六年八月的「以黎戰爭」不也相同嗎？

事實上阿拉和基督兩個世界的總人口，雙方都各有十多億，要消滅對方是不可能，也沒有必要。當他們的命題陷於無解之際，何不來向中國儒家取經，儒家文明主張包容、共生和尊重，政治上以仁政和人本為核心理念。西方有很多政治家、思想家已經起步，向儒家文明取經。

註　釋：

註一：杭亭頓（Samuel P. Huntington），文明衝突與世界秩序的重建（The Clash of Civilizations and The Remaking of World Order），黃裕美譯（台北：聯經出版公司，一九九七年九月），第三章。

註二：彭堅汶，孫中山三民主義建國與政治發展理論之研究（台北：時英出版社，民

註三：印度教所設計的階級制度，使國家之內的政經地位不平等。譬如，婆羅門的一切財產和收入可以免稅，其他階級要繳納約六分之一的生產所得給政府，一個首陀如殺死另一個首陀，他可以捐獻十條牛給婆羅門來贖罪，如殺死一個吠舍，則送一百條牛，如殺死一個剎帝利，則送一千條牛，但如殺死一個婆羅門，唯有以生命抵償。好像只有婆羅門才算真正的人，類似不平等的階級劃分，其他尚多。見江炳倫，亞洲政治文化個案研究（台北：五南圖書公司，民國七十八年六月），頁六九—八三。

註四：同註二。

註五：崔小菇，「極端回教派與世界動亂」，中央日報，民國八十四年九月十三日，第九版。

註六：同註五。

註七：「回教復興」的意義和影響力，已和「美國革命」、「法國革命」或「俄羅斯革命」一樣重要，甚至與「宗教改革」（Protestant Reformation）等量齊觀，見註一書，第五章。

國七十六年十二月），頁八八—九三。

註　八：參閱註一書，第十章。

註　九：同註八，頁三五三。

註　十：關於激進宗教運動可參考南方朔，帝國主義與台灣獨立運動（台北：黎明文化出版公司，民國七十年十二月），頁一一五—一六四。

註十一：陳榮灼、蔡英文、黃瑞祺、羅曉南編譯，當代社會政治理論對話錄（台北：巨流圖書公司，民國七十五年十月），第九篇。

註十二：新疆的分離主義較早是民國三十二年，俄共策動獨立「東土耳其斯坦人民共和國」，後經國民政府派兵救平。見前國防部長郭寄嶠上將口述，救平新疆偽「東土耳其斯坦人民共和國」經過紀要（台北：國防部史政編譯局，民國七十八年十一月一日）。

註十三：九○年代新疆境內的獨立運動組織有二：一為「東土耳其斯坦人民聯合民族革命陣線」，屬激進派、領袖是穆赫里西（Yucubek Mukhlisi）。另一為「自由維吾爾斯坦黨」，領袖是瓦西多夫（Ashir Vakhidov），是穩健派。還有一個流亡在土耳其的「聯合全國革命陣線」，見中國時報，民國八十三年八月五日；中央日報，八十六年二月十三日。

註十四：中央日報，八十六年二月十三日。

註十五：亞洲週刊，一九九七年三月三十一日──四月六日，頁六──廿三。

註十六：長老會（Presbyterian Church）源自十六世紀法國神學家喀爾文（John Calvin, 1509-1564），是比路德教會（The Lutheran Church，在台灣稱信義會）更激進，素有激進主義的教派。長老會在英國稱「清教徒」（puritans），十七世紀參與英國革命，部分遷移移北美洲殖民地，成為美國獨立革命最大的宗教勢力。台灣的長老會也常引證這段歷史，認為台灣要獨立建國；而喀爾文的「反抗暴君論」則成為長老會的理論依據，其實這是長老會的「誤用」，因為喀爾文的反抗暴君是宗教，非政治因素，真正更激進的反抗暴君論，應屬我國孟子的「暴君放伐論」。賦予人民反抗，放伐暴君及革命的理論依據。

註十七：自由時報，民國八十六年十月二十五日，第二版。

註十八：艾文‧托佛勒（Alvin Toffler），大未來（Powershift），吳迎春、傅凌譯（台北：時報文化出版公司，民國八十四年三月三十日），頁四六二。

註十九：中國時報，民國八十六年十月三十一日，第九版。

註二十：「宗教戰爭」在人類歷史上似已久遠，但最近一九九〇年的波灣戰爭即險些遊

走於宗教戰爭的邊緣，這年八月伊拉克海珊即構想以回教世界領袖自居，號召全世界回教徒對以美國為首的西方國家發動回教聖戰（Jihad），現代版的宗教戰爭已是山雨欲來風滿樓，美國宗教團體質疑盟軍行動是否符合傳統「正義之戰」（Just War）準則，部分希臘正教與基督教人士更斥之為「道德淪喪」了。

按「正義之戰」準則，是基督教神學家阿圭納（St. Thomas Aquinas, 1227-1274）所建立：第一、戰爭必須由國家當局策令進行；第二、戰爭原因必須出於正義；第三、戰爭結果必須益於人民。後來天主教徒再添四項：第一、戰爭必須是「最後手段」；第二、必須具有成功之可能；第三、戰爭帶來的善果必大於其所引發的惡果；第四、戰爭不得傷及無辜。合乎以上七項才算正義之戰，也是發動戰爭的標準。

針對這七項標準，美國辛辛那提一位主教畢拉茲克認為，多國部隊用武，可能已違反「最後手段」及「戰爭結果好壞比例」二原則。各地教會發起反戰示威，預測戰爭將有十萬人傷亡，羅馬耶穌會宣稱，造成廣泛傷害的戰爭，皆不能稱「正義之戰」，但也很多教徒主張嚴屬制裁伊拉克才是正義。布希總統在一九九一年元月發表過一次演說，尋求基督教義中的「正義之戰」泉源，也針對「最

後手段」和「戰爭結果好壞比例」提出解說。

波灣戰爭正式開打後，盟軍對有關宗教事宜也很小心。美軍共有隨軍神父一百一十名，一九九一年二月在一處美、英、沙、科四國部隊共用的空軍基地餐廳中，美軍一位神父主持禱告儀式，開始時口稱「噢！上帝！阿拉！」，結束時用阿拉伯語說，「願所有人的上帝保佑我們所有人。」在盟軍方面是如此的圓融了教派間的堅持，才未陷入海珊宗教戰爭的「阱」中。

在海珊方面他的「聖戰」未能得逞，主要是回教的「Jihad」觀念已經式微，再者海珊使用有毒武器（化武）、虐待人質和俘虜，在科威特大規模破壞自然生態，都不合回教「聖戰」教義，按可蘭經解釋，回教徒認為世界分為兩大部分，其一為「回教王國」（Dar Ul-Is-lam），其二是「戰爭王國」（Dar Ul-hard），這表示回教徒必須以武力征服回教世界以外地區，但這個理念也隨回教帝國的衰落而式微。而聖戰（Jihad）的宣戰權者在哈里發（Ca-liph，穆罕默德之後裔及繼承者，或舊回教國家統治者的稱號。），從一九二四年之後已不復存在。

以上原因使海珊的宗教聖戰打不起來，人類免去一場可怕的宗教戰爭，使雙方在軍事、政治領域內較勁，在最少傷害範圍內終戰，這是世人對這場戰爭的肯

定。

本文詳註波灣這場遊走宗教邊緣的戰爭，仍在期盼永遠不要再有宗教戰爭，以及政教分離的必要及其重要性，唯其如此事情（指戰爭、國家整合、認同、安全等事宜）才好解決。

本書作者著編譯作品目錄

幼獅文化出版公司 (性質) (定價)
　①國家安全與情治機關的弔詭 200元
大人物出版公司
　②決戰閏八月：中共武力犯台研究 250元
　③防衛大台灣：台海安全與三軍戰略大佈局 350元
　④非常傳銷學（合著） 直銷教材 250元
黎明文化出版公司
　⑤孫子實戰經驗研究 兵法研究 290元
　⑥解開兩岸十大弔詭 兩岸解謎 280元
　⑦大陸政策與兩岸關係 政治研究 280元
慧明出版社
　⑧從地獄歸來：愛倫坡（Edgar Allan Poe）小說選 200元
　⑨尋找一座山：陳福成創作集 現代詩 260元
全華出版社
　⑩軍事研究概論（合著） 250元
龍騰出版社
　⑪—⑭國防通識（著編） 高中職學生課本 部頒教科書
　⑮—⑱國防通識（著編） 高中職教師用書 部頒教科書
時英出版社
　⑲五十不惑：一個軍校生的半生塵影 回憶錄 300元
　⑳國家安全與戰略關係 戰略・國安 300元
　中國學四部曲：
　㉑首部曲：中國歷代戰爭新詮 戰爭研究 350元
　㉒二部曲：中國政治思想新詮 思想研究 400元
　㉓三部曲：中國四大兵法家新詮（孫子、吳起、孫臏、孔明） 350元
　㉔四部曲：中國近代黨派發展研究新詮 350元
　㉕春秋記實 現代詩 250元
　㉖歷史上的三把利刃 歷史研究 250元
　㉗國家安全論壇 學術研究 350元
　㉘性情世界：陳福成詩選 現代詩 300元
　㉙新領導與管理實務：新叢林時代領袖群倫的政治智慧 350元
秀威出版社
　㉚赤縣行腳・神州心旅 現代詩・傳統詩 260元
　㉛八方風雨・性情世界 詩・文・評 300元
　㉜男人和女人的情話真話 人生真言・小品 250元
文史哲出版社
　㉝一個軍校生的台大閒情 詩・小品・啟蒙 280元
　㉞春秋正義 春秋論述・學術 300元
　㉟頓悟學習 人生・頓悟・小品 260元

㊱公主與王子的夢幻　　　　　　　　　人生‧啟蒙‧小品　　300 元
㊲幻夢花開一江山　　　　　　　　　　傳統詩詞風格　　200 元
㊳奇謀迷情與輪迴（一）被詛咒的島嶼　　　　　　　小說　　220 元
㊴奇謀迷情與輪迴（二）進出三界大滅絕　　　　　　小說　　220 元
㊵奇謀迷情與輪迴（三）我的中陰身經歷記　　　　　小說　　300 元
㊶春秋詩選　　　　　　　　　　　　　　　現代詩　　380 元
㊷愛倫坡（Edgar Allan Poe）經典小說新選　　　　　　　　280 元
㊸神劍或屠刀　　　　　　　　　　　　思想研究　　220 元
㊹洄游的鮭魚　　　　　　　　　四川重慶成都之旅　　300 元
㊺山西芮城劉焦智「鳳梅人」報研究　春秋典型人物研究　　340 元
㊻古道‧秋風‧瘦筆　　　　　　　春秋批判‧小品　　280 元
㊼三月詩會研究：春秋大業十八年　　三月詩會研究　　560 元
㊽春秋圖鑑：回頭看中國近百年史（編）　三千六百張圖照說明
㊾二〇〇八這一年，我們良心在那裡？（編）
㊿中國意象（編）　　　　　　　　　　二千張圖照
51台灣邊陲之美　　　　　　　　　　　詩‧散文
52奇謀‧迷情‧輪迴小說（合訂本）　　　　　　　760 元
53在「鳳梅人」小橋上：山西芮城三人行旅行文學　旅遊、考察、文學　480 元
54陳福成作品講評論文集（編）
55中國民間神譜（編）
56我所知道的孫大公：黃埔二十八期孫大公研究　　春秋典型　　320 元
57找尋理想國 ── 中國式民主政治研究要綱　　政治思想　　160 元
58漸凍勇士陳宏傳 ── 他和劉學慧的傳奇故事　　勵志典型　　260 元
59天帝教研究
60大浩劫後 ── 日本東京都知事石原慎太郎「天譴說」溯源探解
61第四波戰爭開山鼻祖賓拉登 ── 及戰爭之常變研究要綱

唐山出版社
62公館台大地區開發史　　　　　　　地方文史研究
63從皈依到短期出家　　　　　　　　不同人生體驗

購買方法：
　方法 1.全國各書店　　方法 2.各出版社
　方法 3.郵局劃撥帳號：2259-0266　戶名：鄭聯臺
　方法 4.電腦鍵入關鍵字：博客來網路書店→時英出版社
　方法 5.時英出版社　電話：（02）2363-7348、（02）2363-4803
　　　　　　地址：台北市新生南路 3 段 88 號 3 樓之 1
　方法 6.秀威資訊科技公司　電話：（02）2796-3638
　　　　　　地址：台北市內湖區瑞光路 76 巷 65 號 1 樓
　方法 7.文史哲出版社：（02）2351-1028　郵政劃撥：16180175
　　　　　　地址：100 台北市羅斯福路 1 段 72 巷 4 號
　方法 8.唐山出版社：（02）8369-2342
　　　　　　地址：100 台北市羅斯福路 3 段 333 巷 9 號 B1
附記：以上各書凡有訂價者均已正式出版完畢，部頒教科書未訂價。另有未
　　　訂價者均在近期出版。